JULES SUPERVIELLE

Gravitations

PRÉCÉDÉ DE

Débarcadères

PRÉFACE DE
MARCEL ARLAND

GALLIMARD

Juste assez de jour, dans cette chambre où j'écris, pour que les morts et les vivants s'y confondent. Est-ce un mort qui me parle? C'est un ami que je ne rencontre plus, peut-être parce qu'il vit ailleurs, mais dont la voix me parvient, je ne sais comment, je ne sais d'où, et, si je n'en distingue pas tous les mots, elle a des inflexions plus pures que jamais.

— Mais qui êtes-vous qui parlez ainsi
Avec cette voix qui n'est pas d'ici?
Répondrez-vous, ô vide, où tremblait un visage?
Ombre pour ombre, ami, nous sommes compagnons[1].

Supervielle a toujours eu le sens de ces métamorphoses, de ces parentés, de ces ombres et de ces voix indistinctes à qui la sienne, qui s'en est nourrie, a donné forme et figure, et le secours de son propre accent. Je me souviens de nos rencontres, des jours et des lieux, de nos étés de Port-Cros, de sa démarche, des mots échangés ou des silences, d'un sourire; mais il n'est rien qui m'ait plus fidèlement accompagné que sa voix, les modulations de ce chant qu'il a porté, qui survit dans son œuvre et qui nous le restitue.

1. *Le Forçat innocent.*

D'autres poètes, ses contemporains, nous ont frappés par leur puissance, leur ampleur, le déchaînement de leur lyrisme, les audaces et les nouveautés de leur forme. Aucun n'a eu cet accent, intime et humain à la fois, fraternel, qui nous émeut à la mesure de sa discrétion.

Supervielle peut écrire des romans, des pièces de théâtre, des souvenirs, des contes surtout, les plus précieux qui soient, et singuliers au point de créer un genre : c'est toujours et partout la voix d'un homme et d'un poète, de cet homme-poète, notre ami.

« Il ne suffit pas d'être poète, remarque Etiemble ; il faut le devenir [1]. » Ce fut long. Non point par manque de facilité ; on trouve dans les premiers recueils de Supervielle de l'aisance et du charme, beaucoup de convention, peu de rigueur, de loin en loin une ébauche de sa voix. Plus libre dans Débarcadères *(1922), il remonte à quelques-unes de ses sources ; mais sa forme, il ne l'a pas encore trouvée. En 1925, il publie* Gravitations; *il a quarante et un ans ; il est devenu Supervielle. Pour épigraphe, il a choisi un vers de Tristan :*

Lorsque nous serons morts, nous parlerons de vie.

C'était se choisir, tel qu'il sera jusqu'à la fin, à travers ses recueils les plus beaux : Le Forçat innocent, Les Amis inconnus, La Fable du Monde, Oublieuse Mémoire... *tel qu'il est encore pour nous et pour ceux qui ne l'ont pas connu.*

« Lorsque nous serons morts... » : mais il est une façon

---

1. Etiemble : *Supervielle* (Bibliothèque Idéale).

*de mourir à soi, qui permet de mieux éprouver et chanter la
vie ; c'est par la solitude et par la communion. Il se peut
qu'on les apporte, elles aussi, en naissant (je le crois) : il
faut les réaliser.*

Naît un enfant ; la même année, ses parents meurent [1].
Il n'oubliera point cette mère qu'il n'a pas connue :

Ma morte de vingt-huit ans...
... J'ai été toi si fortement, moi qui le suis si faiblement,
Et si rivés tous les deux que nous eussions dû mourir
[ensemble
Comme deux matelots mi-noyés, s'empêchant l'un
[l'autre de nager...
... Peut-être reste-t-il encore
Un ongle de tes mains parmi les ongles de mes mains,
Un de tes cils mêlés aux miens ;
Un de tes battements s'égare-t-il parmi les battements
[de mon cœur,
Je le reconnais entre tous
Et je sais le retenir [2].

*Partagé dès lors entre deux pays : l'Uruguay et la France,
il les aime tous deux : mais qu'il soit dans l'un, il souffre
de l'autre. C'est ainsi qu'il devient l'homme de la séparation
et du regret, l'homme dont une part est toujours ailleurs.
Cependant, si Montevideo lui offre une jeune épouse et
qu'ils reviennent à Paris, ne va-t-il pas retrouver en elle
ce qu'il a perdu ? Ce n'est pas seulement sa beauté qu'elle
lui apporte ; elle le comprend et le suit dans son œuvre, si
bien qu'après vingt et un ans de vie commune, quand il dédie
à Pilar* La Fable du Monde, *c'est « pour la remercier*

---

1. A Oloron-Sainte-Marie, où, de Montevideo, ils étaient
revenus en vacances.
2. *Gravitations.*

de (lui) être si chère »... Et les enfants ! Trois fils et deux filles d'abord, puis, pour faire le juste compte, après Denise et Françoise, voici Anne-Marie qui « touche enfin terre, au sortir de ses astres », et couronne Le Forçat innocent. *Peu de raisons d'inquiétude :· une vie aisée, des amis fidèles, des voyages... Le bonheur ? Mais c'est en des conditions si heureuses qu'il reconnaît sa loi, son destin d'homme et de poète : la solitude.*

Il s'éloigne, il s'étrange, il s'étonne de lui-même et des autres :

Qui est là ? Quel est cet homme qui s'assied à notre
[table
Avec cet air de sortir comme un trois-mâts du
[brouillard,
Ce front qui balance un feu, ces mains d'écume
[marine,
Et couverts les vêtements par un morceau de ciel
[noir ?
A sa parole une étoile accroche sa toile araigneuse,
Quand il respire, il déforme et forme une nébuleuse,
Il porte, comme la nuit, des lunettes cerclées d'or
Et des lèvres embrasées où s'alarment des abeilles,
Mais ses yeux, sa voix, son cœur sont d'un enfant à
[l'aurore.
Quel est cet homme dont l'âme fait des signes
[solennels [1] ?

A qui ce long corps égaré, ces longs bras qui fauchent ou s'empêtrent, ce long visage creusé de sillons, ces longues mains

Qui cherchent à comprendre
Encore plus qu'à saisir [2] ?

1, 2. *Le Forçat innocent.*

A quoi bon ces yeux?

> Je ne vois plus le jour
> Qu'au travers de ma nuit [1].

Et ce cœur?

> Il ne sait pas mon nom
> Ce cœur dont je suis l'hôte.
> Il ne sait rien de moi
> Que des régions sauvages [2].

Quel est cet homme? Qui parle? A qui parle-t-on?

Quel est cet homme devant vous qui me ressemble?
... Et l'homme, en plein soleil, demeure un
                                        [somnambule
Que son cœur à grands coups ne peut pas réveiller.
... Je suis si seul que je ne reconnais plus la forme exacte
                                        [de mes mains
Et je sens mon cœur en moi comme une douleur
                                        [étrangère.

*Ces vers du Forçat innocent, j'entends encore la voix qui
me les a lus, sourde, longue, avec des sons rauques, des
silences, de solennelles incantations; nulle plainte ou nulle
complaisance dans la plainte; c'était le très haut chant de
l'angoisse. L'angoisse chez Supervielle ne cessera de s'accuser
jusqu'à la mort; je la tiens pour le caractère le plus profond
de sa voix et de son œuvre.*

Mais, seule, que pourrait l'angoisse, sinon nous tordre,

1, 2. *Le Forçat innocent.*

*nous arracher des cris ou nous rejeter dans le silence ? Les cris,
le délire où tant d'autres s'abandonnent, Supervielle les
repousse, les contient, parce qu'il en connaît mieux que
d'autres la menace. « Poète du silence », a-t-on dit ; mais le
silence n'est pas sa fin ; mieux vaut dire : « Poète des silences » ;
il les écoute et les interprète, il leur donne une voix. Poète
des silences qui parlent. La parole est conjuration.*

*Elle est aussi recherche d'une communion. Cet homme seul,
dépossédé, qui ne se reconnaît plus, mais poreux et le cœur
ouvert à tout, c'est le monde qu'il reçoit. Non pas seulement
des formes et des couleurs, de plaisantes ou pittoresques
images ; mais ce que le monde a de plus intime, ce qu'il a de
proche et de lointain, de passager et d'éternel : ses vivants
et ses morts, ses esprits, ses fantômes, son mystère et sa
transparence.*

*Immobile, les longues mains posées en oiseaux sur ses
genoux, il se laisse pénétrer par ce monde.*

Ne tournez pas la tête : un miracle est derrière.

*Tout est miracle pour un homme en communion. Blessure
aussi, et c'est de la blessure comme de la grâce que naît le
chant. Ne forçons rien ; offrons-nous ; écoutons ; sourions
quelquefois par pudeur, et pour apprivoiser la menace, et
parce qu'il est bon et beau de sourire.*

*Au commencement, ce fut l'obscure douceur du chaos (elle
nous poursuit) ; mais un chaos où s'annonce déjà tout ce qui
demande à naître : formes confuses, lueurs, soupirs, petites âmes
qui vont se détacher de la grande âme originelle, qui rôdent, qui
cherchent leur figure et leur nom. Et c'est le rocher, la source,
la mer, le feu, les étoiles, les plantes, l'homme enfin parmi les
peuples d'animaux. Cela tourne et s'organise, c'est vivant, c'est
merveilleux. Bien sûr, il y aura toujours des âmes qui ne*

peuvent trouver leur compte et se sentent en exil ; c'est pour elles qu'il faut parler d'abord : pour une feuille, un oiseau, un poisson, un regard sans yeux, un sourire sans lèvres, pour une aurore qui va s'éteindre, une étoile qui a perdu sa nébuleuse, un escalier qui débouche sur le vide, un enfant de l'autre côté du globe, pour un geste qui fut autrefois ébauché et qui attend de s'accomplir, pour une morte dont

> Les cheveux et les lèvres
> Et la carnation
> Sont devenus de l'air
> Qui cherche une saison [1].

Ames éparses, inachevées, silencieuses, c'est un accueil qu'elles demandent, et c'est une voix qui les exprime, chacune dans son destin singulier, dans sa vie propre, selon sa fable dans la Fable du Monde. Supervielle ou le poète des fables — celles du cœur et de la vie ; non pas des symboles ou des leçons ; plutôt des légendes, comme il dit, et c'est parler d'un monde que la vertu du chant dépouille et ennoblit à la fois, pour en composer le patrimoine humain, et le porter, plus haut, plus pur, au regard de Dieu. Un exemple ? Celui-ci entre beaucoup d'autres :

L'ALLÉE

> Ne touchez pas l'épaule
> Du cavalier qui passe,
> Il se retournerait
> Et ce serait la nuit,
> Une nuit sans étoiles,
> Sans courbe ni nuages.

1. *Gravitations.*

— Alors que deviendrait
Tout ce qui fait le ciel,
La lune et son passage,
Et le bruit du soleil ?
— Il vous faudrait attendre
Qu'un second cavalier
Aussi puissant que l'autre
Consentît à passer [1].

Rien de plus simple et de plus mystérieux ; rien de plus évocateur. Supervielle a reçu ce don : d'exprimer et de prolonger en nous ce qui semblait indicible. C'est un don qui s'accorde à l'innocence, à la fraîcheur jusque dans l'angoisse, au cœur dénuni qui s'ouvre, s'étonne et participe à la communion. « Appeler les choses qui ne sont point comme si elles étaient [2] », voilà, selon saint Paul, l'un des attributs de Dieu. Oh ! le poète ne se prend pas pour Dieu. Mais enfin, à sa façon, façon d'homme... Et d'ailleurs il va, pour éviter toute confusion, user de l'humour, jouer, sourire, prendre des airs facétieux ou cocasses, montrer, en bon innocent, qu'il n'est pas dupe de son innocence. Supervielle le fait, et nous charme d'autant plus. C'est qu'il n'y a nulle dérision dans son sourire, et que, sous ses petits airs malicieux, la tendresse est là, et l'amour.

Encore fallait-il que le poète trouvât la forme qui convînt à ce don et répondît à sa nature. Il l'a longuement cherchée. Il la trouve dans Gravitations, *choisissant d'abord une voie plus étroite, mais plus rigoureuse, un mètre plus court et plus régulier, où le moindre accord a sa valeur, le moindre mot sa précision. Le chant ainsi contenu devient à la fois plus fidèle et plus libre. Supervielle a souvent corrigé son*

1. *Les Amis inconnus.*
2. *Épître aux Romains*, IV, 17.

œuvre, et presque toujours avec bonheur, en lui donnant une expression plus simple ; mais plus il est simple, plus il est rare ; il fait de la transparence un mystère. Non qu'il s'abandonne au cours du poème ; le sent-il trop harmonieux, trop continu, brusquement il l'interrompt, ou le brise sur un heurt de syllabes, ou le dénature par un temps faible, une feinte négligence, une répétition provocante. Mais de là, une harmonie plus subtile et plus complexe. Un jeu ? Le jeu d'un poète qui délivre toutes les nuances de son dialogue avec le monde et avec soi.

Aussi bien peut-il avoir recours, avec la même sûreté, à un rythme nombreux et soutenu. Il sait donner à l'alexandrin autant de grandeur que de délicate vibration, comme dans « Le Cœur et le Tourment »[1]. Qu'il y mêle, comme dans « Le Forçat »[2] ou « Saisir »[3], des rythmes plus courts, presque ingénus dans leur science, il parvient à ses chefs-d'œuvre, et si sa voix est plus complexe que jamais, grave et tendre, raffinée et simple : plus que jamais elle est pure ; elle coule comme une source du cœur ; elle vit.

Solitude et communion, angoisse et pudique humour : il n'a cessé de chanter la vie et de payer le prix de son chant. Il disait dans Gravitations, en 1925 :

VIVRE
Pour avoir mis le pied
Sur le cœur de la nuit
Je suis un homme pris
Dans les rêts étoilés.

1, 2, 3. Le Forçat innocent.

J'ignore le repos
Que connaissent les hommes
Et même mon sommeil
Est dévoré de ciel...

Il reprend, beaucoup plus tard :

VIVRE ENCORE
Ce qu'il faut de nuit
Au-dessus des arbres,
Ce qu'il faut de fruits
Aux tables de marbre,
Ce qu'il faut d'obscur
Pour que le sang batte,
Ce qu'il faut de pur
Au cœur écarlate,
Ce qu'il faut de jour
Sur la page blanche,
Ce qu'il faut d'amour
Au fond du silence...

Beaucoup d'amour, Julio, pour nous avoir tant donné, par ta présence, par tes œuvres, par cette voix si intime que nous la confondons avec la nôtre et ne savons plus qui parle, quel est cet homme, qui est vivant, à qui vont ces mots que l'on prononce.

Marcel Arland.

Débarcadères

1922

Comme un bœuf bavant au labour
le navire s'enfonce dans l'eau pénible,
la vague palpe durement la proue de fer,
éprouve sa force, s'accroche, puis
déchirée,
s'écarte,
à l'arrière la blessure blanche et bruissante,
déchiquetée par les hélices,
s'étire multipliée
et se referme au loin dans le désert houleux
où l'horizon allonge
ses fines, fines lèvres de sphinx.
Les deux cheminées veillant dans un bavardage de
        fumée,
le paquebot depuis dix jours,
avance vers un horizon monocorde
qui coïncide sans bavures
avec les horizons précédents
et vibre d'un son identique
au choc de mon regard qui se sépare de moi,
comme un goéland, du rivage.

O mer qui ne puise en soi que ressemblances,
et qui pourtant de toutes parts
s'essaie aux métamorphoses,
et vaine, accablée par sa lourdeur prolifère,
se refoule, de crête en crête, jusqu'au couperet du
     ciel,
mer renaissante et contradictoire,
présence fixe où hier tomba un mousse
détaché d'un cordage comme par un coup de fusil,
présence dure qui, la nuit,
par delà les lumières du bord et la musique cris-
     talline,
et les sourires des femmes,
et tout le navire, rêves et bastingage,
vous tire par les pieds
à six mille mètres de silence
où l'eau rejoint une terre aveugle pour toujours
dans un calme lisse et lacustre, sans murmures;
O mer, qui fait le tour du large,
coureur infatigable,
quelle nouvelle clame-t-elle
dans l'atmosphère avide où ne pousse plus rien,
— pas une escale, pas un palmier, pas une voile, —
comme après une déracinante canonnade?

                              Décembre 1919.

PAQUEBOT

L'Atlantique est là qui, de toutes parts, s'est géné-
    ralisé depuis quinze jours,
avec son sel et son odeur vieille comme le monde,
qui couve, marque les choses du bord,
s'allonge dans la chambre de chauffe, rôde dans
    la soute au charbon,
enveloppe ce bruit de forge, s'annexe sa flamme
    si terrestre,
entre dans toutes les cabines,
monte au fumoir, se mêlant aux jeux de cartes,
se faufilant entre chaque carte,
si bien que tout le navire,
et même les lettres qui sont dans les enveloppes
    cinq fois cachetées de rouge au fond des sacs
    postaux,
tout baigne dans une buée, dans une confirmation
    marine,
comme ce petit oiseau des îles dans sa cage des îles.

La voici la face de l'Atlantique dans cette grande
    pièce carrée si fière de ses angles en pleine mer,
ce salon où tout feint l'aplomb et l'air solidement
    attaché

de graves meubles sur le continent,
mais souffre d'un tremblement maritime
ou d'une quiétude suspecte,
même la lourde cheminée avec ses fausses bûches
     éclairées à l'électricité
qui joue la cheminée de château assise en terre depuis
     des siècles.

Que prétend ce calendrier, fixé, encadré, et qui
     sévèrement annonce samedi 17 juillet,
ce journal acheté à la dernière escale et qui donne
     des nouvelles des peuples,
ce vieux billet de tramway retrouvé dans ma poche
     et qui me propose de renouer avec la Ville?

Que témoignent toutes ces têtes autour de moi,
     tous ces agglomérés humains,
qui vont et viennent sur le pont de bois mouvant
     entre ciel et vagues,
promenant leur bilan mortel,
leurs chansons qui font ici des couacs aigrelets,
et prétendent qu'il faudrait à cette mer qui prend
     toujours et se refuse,
quelques cubes en pierre de taille avec fenêtres et
     pots de géranium,
un coteau dominé par la gare d'un funiculaire et
     un drapeau
tandis que sur le côté,
des recrues marcheraient une, deux, une, deux,
sur un terrain de manœuvre.

Mais sait-elle même qu'il existe
l'homme qui fume ces cigares

accoudé au bastingage,
le sait-elle, la mer, cette aveugle de naissance,
qui n'a pas compris encore ce que c'est qu'un noyé
et le tourne et le retourne sous ses interrogations?

DERRIÈRE CE CIEL ÉTEINT

Derrière ce ciel éteint et cette mer grise
où l'étrave du navire creuse un modeste sillon,
par delà cet horizon fermé,
il y a le Brésil avec toutes ses palmes,
d'énormes bananiers mêlant leurs feuilles comme
     des éléphants leurs mouvantes trompes,
des fusées de bambous qui se disputent le ciel,
de la douceur en profondeur, un fourré de douceur,
et de purs ovales féminins qui ont la mémoire de
     la volupté.
Voici que peu à peu l'horizon s'est décousu,
et la terre s'est allongé une place fine.
Apparaissent des cimes encore mal sorties du néant,
     mais qui ont tout de suite malgré les réticences
     des lointains,
le prestige et la responsabilité des montagnes.
Déjà luisent des maisons le long de la bruissante
     déchirure des plages,
dans le glissement du paysage, sur un plan huilé,
déjà voici une femme assise au milieu d'un suave
     champ de cannes,
et parvient jusqu'à moi

la gratitude de l'humus rouge après les tropicales
pluies.

VERS LA VILLE

Vers la ville
c'est la descente de la montagne
et de la forêt avec ses tanguantes frondaisons.
Puis la grave rencontre de la verdure et de la cité,
les conciliabules dans les faubourgs, où s'échangent
    arbres et maisons,
les demeures des hommes se font de plus en plus
    denses,
ne laissant pénétrer les arbres que sur deux rangs
    vers les places
où ils forment les faisceaux,
pour reprendre ensuite leur marche jusqu'à la mer
    qui de ses lames frémissantes coupe la côte,
mais n'empêche pas les îles, ces rappels couverts
    de palmes naufragées,
ni ces écueils devinés qui tachent d'un violet de
    ténèbres
le fond
des transparences marines.

ÉQUATEUR

Sous la véranda de stuc rose
Les colons jambes croisées, vêtus de blanc et de soleil,
Dans la chaleur urgente n'osent
Bouger de peur de se blesser aux rais qui coupent
                                  [comme verre.

Des femmes que resserre un air fauve et cupide
Voient se pétrifier
Leurs gestes commencés
Parmi l'ombre torride.

De hauts cactus qui se contractent
Et sécrètent mille piquants,
Tendent leurs lèvres à la gourde
Évasive de l'heure sourde.

Enfin le soleil bas, pour la dernière fois,
Pèse sur les colonnes de la véranda
Qui s'éteignent une par une,
Sous la gamme enflammée expirante à ses doigts.

Et dans le ciel noir tout de suite,
Approchant sa tête ennemie,
La lune affreuse brûle au bout
De quatre piques de bambous.

RETOUR A L'ESTANCIA

Le petit trot des gauchos me façonne,
les oreilles fixes de mon cheval m'aident à me
situer.
Je retrouve dans sa plénitude ce que je n'osais plus
envisager,
même par une petite lucarne,
toute la pampa étendue à mes pieds comme il y a
sept ans.
O mort! me voici revenu.
J'avais pourtant compris que tu ne me laisserai
pas revoir ces terres,
une voix me l'avait dit qui ressemblait à la tienne
et tu ne ressembles qu'à toi-même.
Et aujourd'hui, je suis comme ce hennissement qui
ne sait pas que tu existes,
je trouve comique d'avoir tant douté de moi et c'est
de toi que je doute, ô surfaite,
même quand mon cheval enjambe les os d'un bœuf
proprement blanchis par les vautours et par les
aigles,
ou qu'une odeur de bête fraîchement écorchée, me
tord le nez quand je passe.

Je fais corps avec la pampa qui ne connaît pas la
     mythologie,
avec le désert orgueilleux d'être le désert depuis
     les temps les plus abstraits,
il ignore les Dieux de l'Olympe qui rythment encore
     le vieux monde.
Je m'enfonce dans la plaine qui n'a pas d'histoire
     et tend de tous côtés sa peau dure de vache qui
     a toujours couché dehors
et n'a pour toute végétation que quelques talas,
     ceibos, pitas,
qui ne connaissent le grec ni le latin,
mais savent résister au vent affamé du pôle,
de toute leur ruse barbare
en lui opposant la croupe concentrée de leur bran-
     chage grouillant d'épines et leurs feuilles en
     coup de hache.
Je me mêle à une terre qui ne rend de comptes à
     personne et se défend de ressembler à ces paysages
     manufacturés d'Europe, saignés par les souve-
     nirs,
à cette nature exténuée et poussive qui n'a plus que
     des quintes de lumière,
et, repentante, efface, l'hiver, ce qu'elle fit pendant
     l'été.
J'avance sous un soleil qui ne craint pas les intem-
     péries,
et se sert sans lésiner de ses pots de couleur locale
     toute fraîche
pour des ciels de plein vent qui vont d'une fusée
     jusqu'au zénith,
et il saisit dans ses rayons, comme au lasso, un gaucho
     monté, tout vif.

Les nuages ne sont pas pour lui des prétextes à une
    mélancolie distinguée,
mais de rudes amis d'une autre race, ayant d'autres
    habitudes, avec lesquels on peut causer,
et les orages courts sont de brusques fêtes communes
où ciel, soleil et nuages
y vont de bon cœur et tirent jouissance de leur propre
    plaisir et de celui des autres,
où la pampa
roule ivre-morte dans la boue polluante où chavirent
    les lointains,
jusqu'à l'heure des hirondelles
et des derniers nuages, le dos rond dans le vent du
    sud,
quand la terre, sur tout le pourtour de l'horizon
    bien accroché,
sèche ses flaques, son bétail et ses oiseaux
au ciel retentissant des jurons du soleil qui cherche à
    rassembler ses rayons dispersés.

                                        Janvier 1920.

LE GAUCHO

Les chiens fauves du soleil couchant harcelaient les
                                        [vaches
Innombrables dans la plaine creusée d'âpres
                                        [mouvements,
Mais tous les poils se brouillèrent sous le hâtif
                                        [crépuscule.

Un cavalier occupait la pampa dans son milieu
Comme un morceau d'avenir assiégé de toutes parts.
Ses regards au loin roulaient sur cette plaine de chair
Raboteuse comme après quelque tremblement de
                                        [terre.
Et les vaches ourdissaient un silence violent,
Tapis noir en équilibre sur la pointe de leurs cornes,
Mais tout d'un coup fustigées par une averse d'étoiles
Elles bondissaient fuyant dans un galop de travers,
Leurs cruels yeux de fer rouge incendiant l'herbe
                                        sèche,
Et leurs queues les poursuivant, les mordant comme
                                        [des diables,
Puis s'arrêtaient et tournaient toutes leurs têtes
                                        [horribles

Vers l'homme immobile et droit sur son cheval bien
[forgé.

Parfois un taureau sans bruit se séparait de la masse
Fonçant sur le cavalier du poids de sa tête basse.
Lui, l'arrêtait avec les deux lances de son regard
Faisant tomber le taureau à genoux, puis de côté,
Les yeux crevés, un sang jeune alarmant sa longue bave
Et les cornes inutiles près des courtes pattes mortes.
Cependant mille moutons usés par les clairs de lune
Disparaissaient dans la nuit décocheuse de hiboux.

L'horizon déménageait sa fixité hors d'usage
Que les troupeaux éperdus avaient crevé mille fois.
Précédant d'obscurs chevaux lourds de boue de l'an
[dernier
Des étalons galopaient, les naseaux dans l'inconnu,
Arrachant au sol nocturne de résonnantes splendeurs.
La pampa se descellait, lâchant ses plaines de cuivre,
Ses réserves de désert qui s'entre-choquaient,
[cymbales!
Ses lieues carrées de maïs, brûlant de flammes internes,
Et ses aigles voyageurs qui dévoraient les étoiles,
Ses hauts moulins de métal, aux tournantes
[marguerites,
Ames-fleurs en quarantaine mal délivrées de leurs
[corps
Et luttant pour s'exhaler entre la terre et le ciel.

Sur des landes triturées tout le jour par le soleil
Passaient des cactus crispés dans leur gêne végétale,
Des chardons comme des christs abandonnés aux
[épines,

33

Et des ronces qui cherchaient d'autres ronces pour
[mourır.

Puis un grêle accordéon de ses longs doigts musicaux
Toucha l'homme et ses ténèbres dans la zone de son
[cœur.
Alors laissant là les vaches, la nuit épaisse de souffles
Qui s'obstinaient à durcir, l'homme entra dans le
[rancho
Où le foyer consumait de la bouse désséchée.

A ras du sol lentement il allongea son corps maigre
Et son âme par la nuit encore toute empierrée
Auprès de ses compagnons renversés dans un
[sommeil
Où les anges n'entrent pas et qui tenaient bien en
[mains
leurs rauques chevaux osseux sur la piste de leurs
[rêves.

LA PISTE

La piste que mangent des foulées et des trous,
que tord la sécheresse harassée d'elle-même,
va, hésite de toute sa largeur où cinquante bœufs
    peuvent avancer de front,
et son souffle est coupé par mille crevasses
comme par des hoquets,
elle engendre des sentiers vite étouffés de chardons
    et de ronces
puis follement pique un cent mètres
et s'arrête un instant devant une flaque tarie
ou naguère elle buvait un peu de ciel
et du courage.
Passe une tartane traversée par le vent,
Chevaux, harnachements, et les sombres gauchos,
traversés par le vent
comme s'ils n'étaient plus depuis longtemps de ce
    monde.
De chaque côté de la piste
la pampa tire à soi
sa maigre couverture desséchée
et reprend encore une fois sa tâche de ménagère
obligée de nourrir l'innombrable famille

des vaches aux flancs pointus
avec des chardons morts et de l'herbe posthume.

Nous sommes là tous deux comme devant la mer
sous l'avance saline des souvenirs.

De ton chapeau aérien à tes talons presque pointus
tu es légère et parcourue
comme si les oiseaux striés par la lumière de ta patrie
remontaient le courant de tes rêves.
Tu voudrais jeter des ponts de soleil entre des pays
    que séparent les océans et les climats, et qui
s'ignoreront toujours.
Les soirs de Montevideo ne seront pas couronnés de
    célestes roses pyrénéennes,
les monts de Janeiro toujours brûlants et jamais
    consumés ne pâliront point sous les doigts délicats
    de la neige française,
et tu ne pourras entendre, si ce n'est en ton cœur,
    la marée des avoines argentines,
ni former un seul amour avec tous ces amours qui
    échelonnent ton âme,
et dont les mille fumées ne s'uniront jamais dans
    la torsade d'une seule fumée.

Que tes paupières rapides se résignent, ô désespérée
de l'espace !
Ne t'afflige point, toi dont le tourment ne remonte
pas comme le mien, jusqu'aux âges qui tremblent
derrière les horizons,
tu ne sais pas ce qu'est une vague morte depuis
trois mille ans, et qui renaît en moi pour périr
encore,
ni l'alouette immobile depuis plusieurs décades qui
devient en moi une alouette toute neuve,
avec un cœur rapide, rapide,
pressé d'en finir,
ne t'afflige point, toi qui vois en la nuit une amie
qu'émerveille ton sourire aiguisé par la chute
du jour,
la nuit armée d'étoiles innombrables et grouillante
de siècles,
qui me force pour en mesurer la violence,
à renverser la tête en arrière
comme font les morts, mon amie,
comme font les morts.

Juillet 1920.

LA MONTAGNE PREND LA PAROLE

Et voilà mon silence dur fonçant sur le moindre bruit
    qui ose.
Je souffre de ne pouvoir donner le repos sur mes flancs
    difficiles
Où je ne puis offrir qu'une hospitalité accrochée,
Moi qui tends toujours vers la verticale
Et ne me nourris que de la sécheresse de l'azur.
Je vois les sapins qui s'efforcent, en pèlerinage
    immobile, vers l'aridité de ma cime.
Plaines, vallons, herbages et vous forêts, ne m'en
    veuillez pas de mes arêtes hautaines!
J'ai la plus grande avidité de la mer, la grande
    allongée toujours mouvante que les nuages
    tentèrent de me révéler.
Sans répit j'y dépêche mes plus sensibles sources,
    les vivaces, les savoureuses!
Elles ne me sont jamais revenues.
J'espère encore.

                     Septembre 1920.

SAN BERNARDINO

Que j'enferme en ma mémoire,
Ma mémoire et mon amour,
Le parfum féminin des courbes colonies,
Cet enfant nu-fleuri dans la mantille noire
De sa mère passant sous la conque du jour,
Ces plantes à l'envi, et ces feuilles qui plient,
Ces vers mouvants, ces rouges frais,
Ces oiseaux inespérés,
Et ces houles d'harmonies,
J'en aurai besoin un jour.

J'aurai besoin de vous, souvenirs que je veux
Modelés dans le lisse honneur des ciels heureux,
Vous me visiterez, secourables audaces,
Azur vivace d'un espace
Où chaque arbre se hausse au dénouement des palmes
A la recherche de son âme,
Où la fleur mouille en l'infini
De la couleur et du parfum qu'elle a choisis,
Où je suis arrivé plein d'Europe et d'escales
Ayant toujours appareillé,

Et, sous le chuchotis de ces heures égales,
Du fard des jours errants je me suis dépouillé.

AUX OISEAUX

Paroares, rolliers, calandres, ramphocèles,
Vives flammes, oiseaux arrachés au soleil,
Dispersez, dispersez, dispersez le cruel
Sommeil qui va saisir mes mentales prunelles!

Fringilles, est-ce vous, euphones, est-ce vous,
Qui viendrez émouvoir de rémiges lumières
Cette torpeur qui veut se croire coutumière
Et qui renonce au jour n'en sachant plus le goût?

Libre, je veux enfin dépasser l'heure étale,
Voir le ciel délirer sous une effusion
D'hirondelles criant mille autres horizons,
Vivre, enfin rassuré, ma douceur cérébrale.

S'il le faut, pour briser des tristesses durcies,
Je hélerai, du seuil des secrètes forêts,
Un vol haché de verts et rouges perroquets
Qui feront éclater mon âme en éclaircies.

TERRES ROUGES

Ah! Couleur traquée dans la pâle Europe,
  Vierge aux pas vifs poursuivis,
Tu te réfugies et te développes
  En ce rougissant pays

Derrière un mouvement de bananiers paternes
  Qui me révéla
L'humide peur de ton sourire de citerne
  Où nul ne puisa,

Et ta coiffure haut montée à l'antipode
  De tes pauvres pieds nus,
Qui savent le goût de la terre et de l'exode
  Au luisant Inconnu.

      Haut Paranâ, mai 1920.

LA SPHÈRE

J. makes up verbs to describe Nature, and feels quite elated. In his own heart, he finds all the extremes of Nature in him.

Roulé dans tes senteurs, belle terre tourneuse,
Je suis enveloppé d'émigrants souvenirs,
Et mon cœur délivré des attaches peureuses
Se propage, gorgé d'aise et de devenir.

Sous l'émerveillement des sources et des grottes
Je me fais un printemps de villes et de monts
Et je passe de l'alouette au goémon,
Comme sur une flûte on va de note en note.

J'azure, fluvial, les gazons de mes jours,
Je narre le neigeux leurre de la Montagne
Aux collines venant à mes pieds de velours
Tandis que les hameaux dévalent des campagnes.

Et comme un éclatant abrégé des saisons,
Mon cœur découvre en soi tropiques et banquises
Voyageant d'île en cap et de port en surprise
Il démêle un intime écheveau d'horizons.

extremes of Nature

44

L'ESCALE PORTUGAISE

L'escale fait sécher ses blancheurs aux terrasses
   Où le vent s'évertue,
Les maisons roses au soleil qui les enlace
   Sentent l'algue et la rue.

Les femmes de la mer, des paniers de poissons
   Irisés sur la tête,
Exposent au soleil bruyant de la saison
   La sous-marine fête.

Le feuillage strident a débordé le vert
   Sous la crue de lumière,
   Les roses prisonnières
On fait irruption par les grilles de fer.

Le plaisir matinal des boutiques ouvertes
   Au maritime été
   Et des fenêtres vertes
Qui se livrent au ciel, les volets écartés,

S'écoule vers la Place où stagnent les passants
Jusqu'à ce que soit ronde
L'ombre des orangers qui simule un cadran
Où le doux midi grogne.

L'ESCALE BRÉSILIENNE

Je sors de la sieste et j'entre en escale,
Ouvert le hublot, lanterne magique,
M'offrant des maisons basses, impudiques,
Surprises à nu au ras de la cale
Et qu'illustre haut dans le ciel à vif
Le galbe de trois palmiers décisifs.
Des hommes, des chiens, des huttes s'engendrent
Et de vrais bambous qui font bouger l'air,
Ma rétine happe un oiseau plus tendre
De survoler l'herbe au sortir des mers.
Et je vois, tanguer doux, le paysage,
Entre les barreaux blancs du bastingage
Comme un autre oiseau que berce en sa cage
     Le vent transparent.
     Le navire remonte et plisse
     L'eau que le rivage descend,
     Mon âme requise en tous sens
     S'écartèle avec délices.

Roches et palmiers, une île enfantine,
     La bave marine

A la plage fait un mouvant collier.
  Au centre du golfe rythmé
  Par quatre barques orphelines
  Flottent des couleurs impromptues
  Qui l'une de l'autre s'enivrent,
  Et que des rames équilibrent
Tandis que l'ancre à jeun mord la vase charnue.

REGRET DE L'ASIE EN AMÉRIQUE

Sous un azur très ancien
Cachant de célestes patries
Les roses ceignant des palmiers
Tendent vers la Rose infinie.

Entre des statues brahmaniques
Aux sourires envahisseurs
La haute terrasse d'honneur
Cède à sa grande nostalgie.

Et d'obsédantes pyramides
Lèvent un doigt bleu de ciel
Vers quelque but essentiel
Par delà l'aérien vide.

Dans l'heure mille et millénaire
Qui trempe au fond des temps secrets
Pour qui ces roses et ces pierres
Qui n'ont jamais désespéré?

LE CAPITAINE

Peut-être un palanquin pour toute ma détresse
Suffirait-il s'il est balancé par l'amour,
Si dans le soir hindou au duvet de velours,
Il m'enveloppe avec des ruses de maîtresse.

De tendres éléphants, le dos rond de bontés,
Et dont la trompe joue aux cornes d'abondance,
Ne pourront-ils jamais donner la confiance
A ce cerveau qui cherche une sérénité?

Dromadaires, hamacs vivants et pathétiques,
Rugueux comme la peau brûlante de l'Afrique,
O mes chers sinueux au profil montagnard,
Au regard triste et nu comme une œuvre sans art,

Ne serai-je jamais le troublant capitaine
        De notre double peine?
Ne vous verrai-je point, étranges confidents,
Grandir à l'horizon des sables du néant?

Que m'importe le cirque odorant des montagnes,
La plaine au soleil aiguisé
Et la chèvre, sœur du rocher,
Et le chêne têtu qui dompte la campagne.

Je ne sais plus, nature, entendre ta prière,
Ni l'angoisse de l'horizon,
Et me voici parmi les arbres et les joncs
Sans mémoire et sans yeux comme l'eau des rivières.

Voyageur, voyageur, accepte le retour,
Il n'est plus place en toi pour de nouveaux visages,
Ton rêve modelé par trop de paysages,
Laisse-le reposer en son nouveau contour.

Fuis l'horizon bruyant qui toujours te réclame
Pour écouter enfin ta vivante rumeur
Que garde maintenant de ses arcs de verdeur
Le palmier qui s'incline aux sources de ton âme.

Serai-je un jour celui qui lui-même mena
Ses scrupules mûrir aux tropicales plages?
Je sais une tristesse à l'odeur d'ananas
Qui vaut mieux qu'un bonheur ignorant les voyages.

L'Amérique a donné son murmure à mon cœur.
Encore surveillé par l'enfance aux entraves
Prudentes, je ne puis adorer une ardeur
Sans y mêler l'amour de mangues et goyaves.

N'était la France où sont les sources et les fleurs
J'aurais vécu là-bas le plus clair de ma vie
Où sous un ciel toujours vif et navigateur
Je caressais les joncs de mes Patagonies.

Je ne voudrais plus voir le soleil de profil
Mais le chef couronné de plumes radieuses,
La distance m'entraîne en son mouvant exil
Et rien n'embrase tant que ses caresses creuses.

REGRETS DE FRANCE

La lune dans l'étang
Se souvient d'elle-même,
Veut se donner pour thème
A son enchantement,

Mais sa candeur précise,
Au frais toucher de l'eau,
De délices se brise,

Et flotte la surprise
Des lunaires morceaux.

Le vent couleur de ciel, puérilement pur,
Frotte le feuillage d'azur
Et, comme gorgé d'ambroisie,
Le vert palpitant s'extasie.

Le vent s'éloigne et fait le mort.

Puis, à pas d'ombre, approche et veloute une gamme
Sur le clavier des platanes

Où soudain, violent, il écrase un accord,
Étourdi,
Comme s'il tombait d'un coup du Paradis
Et n'avait, encore céleste,
Sa petite cervelle terrestre.

Troussant et brouillonnant l'ombre avec la lumière
Il enveloppe et subtilise presque
La frondaison entière
Comme un jongleur, avec des gestes d'arabesques,
Puis alangui, s'interrogeant, il se fait brise
et le feuillage tend vers l'émeraude fixe.

MARSEILLE

Marseille sortie de la mer, avec ses poissons de roche,
   ses coquillages et l'iode,
Et ses mâts en pleine ville qui disputent les passants,
Ses tramways avec leurs pattes de crustacés sont
   luisants d'eau marine,
Le beau rendez-vous de vivants qui lèvent le bras
   comme pour se partager le ciel,
Et les cafés enfantent sur le trottoir hommes et femmes
   de maintenant avec leurs yeux de phosphore,
Leurs verres, leurs tasses, leurs seaux à glace et leurs
   alcools,
Et cela fait un bruit de pieds et de chaises frétil-
   lantes.
Ici le soleil pense tout haut, c'est une grande lumière
   qui se mêle à la conversation,
Et réjouit la gorge des femmes comme celle des
   torrents dans la montagne,
Il prend les nouveaux venus à partie, les bouscule un
   peu dans la rue,
Et les pousse sans un mot du côté des jolies filles.
Et la lune est un singe échappé au baluchon d'un
   marin

Qui vous regarde à travers les barreaux légers de la
    nuit.
Marseille, écoute-moi, je t'en prie, sois attentive,
Je voudrais te prendre dans un coin, te parler avec
    douceur,
Reste donc un peu tranquille que nous nous regar-
    dions un peu
O toi toujours en partance
Et qui ne peux t'en aller,
A cause de toutes ces ancres qui te mordillent sous
    la mer.

1927.

GÊNES

Sous un ruisseau de ciel où tend une guitare
Briseuse de ténèbre au vieux Gênes secret,
Je monte vers le port offert de Miramare
Où je promène mes soucis rasés de frais,
Tandis que la vapeur des trains s'allie à celle
Des paquebots au ciel mouvant de balancelle
Où vont mes souvenirs joindre en lucides bonds
L'âme en voyage encor de Christophe Colomb.
Je me mêle parmi des champs de transparence
A des anges joufflus qui soufflent sur des lys
Comme aux fresques qu'orna Melozzo da Flori
Et nous nous envolons ensemble pour la France.

LA TERRE

Petit globe de cristal,
Petit globe de la terre,
Je vois au travers de toi
Ma jolie boule de verre.

Nous sommes tous enfermés
Dans ton sein dur et sévère
Mais si poli, si lustré
Arrondi par la lumière.

Les uns : ce cheval qui court
Une dame qui s'arrête
Cette fleur dans ses atours
Un enfant sur sa planète.

Les autres : assis à table
Ou fumant un petit peu,
D'autres couchés dans le sable
Ou chauffant leurs mains au feu,

Et nous tournons sur nous-mêmes
Sans vertige et sans effort
Pareils au ciel, à ses pierres
Nous luisons comme la mort.

1927.

VOYAGES

Je ne sais que faire aujourd'hui de la Terre
De ce pic en Europe, cette plaine en Australie
Et de cet orage en Californie.
Cet éléphant qui sort tout ruisselant du Gange
Il me mouille en passant mais n'a rien à m'apprendre.
Que peut l'œil d'un éléphant devant l'œil d'un
      homme sensé
Et dans la force de l'âge?
Je ne sais que faire de ces femmes un peu partout
Sur la Terre plus ronde qu'elles.
Femmes, allez à vos occupations
Ne vous mettez pas en retard.

1927.

FORÊT

Dix Indiens sont autour de moi
Qui fument mes derniers cigares,
Et je suis en diagonale
Traversé par les longs regards
De leurs yeux noirs passant le noir
A force de reconnaissance.

Autour du cercle des Indiens
Je vois rôder un petit chien
Aveugle, aux yeux bleus de faïence
En pâte tendre, largement
Ouverts comme pour une offrande
Depuis qu'un cobra le piqua.

Soudain, reniflant et courant
Contre nos pieds, contre nos jambes,
Le chien flaire ses yeux d'antan
Dans l'herbe épaisse et sous les plantes,
Gratte la terre et monte aux arbres
Comme ferait un chien savant.

Et dans la nuit qui tombe blette
Les dix Indiens fument en rond,
Le vieux Chef perd une allumette,
Et, la cherchant dans le gazon,
Fait flamber toutes les restantes
Mais ne trouve pas la manquante.

Le chien aveugle tourne en rond
Pour se tracer un horizon.

ATTENTE DE LA MORT

Une paillote au Paraguay
Où j'attendrais dans un hamac
Celle qui vient bien toute seule.

Un bœuf gris passerait la tête
Et ruminerait devant moi,
J'aurais tout le temps de le voir.

Un chien entrerait assoiffé,
Et courant à mon pot à eau
Il y boirait, boirait, boirait.

Enfin il me regarderait
Et de sa langue rouge et claire
Des gouttes tomberaient à terre.

Des oiseaux couperaient le jour
De la porte dans leurs vols vifs.
Et pas un homme pas un homme!

Je serai moi-même évasif.

COLONS SUR LE HAUT-PARANA

Le navire à deux ponts tremble jusqu'aux agrès,
tant il pique sur la rive,
son avant dans la boue vive,
toute sa force en arrêt.

Mais c'est à terre, c'est à terre qu'il faut regarder.

Parmi le rigide envol des palettes de cactus,
c'est un groupe de colons envahis d'âpres espaces,
surveillés par un exil que ne cache pas la tente,
Un homme est monté sur un cheval long,
tenant un enfant à califourchon,
et nul ne bouge.
Auprès d'eux, robes claires, tombant droites, nul
     le vent,
robes claires de percale affrontant les éléments
dans la forestière étreinte,
ce sont femmes près d'un saule,
l'une, un oiseau sur l'épaule,
un cigare éteint à sa lèvre éteinte.

Les colons nous dévisagent,
tous leurs gestes annulés, leurs attitudes nous rivent,
leur présence veut nous cerner,
ne voulant rien laisser perdre de ces hommes que
      nous sommes,
qui avons vu le grand port victorieux sur la mer,
les mille courants des rues et le fleuve des Dimanches
et le bon fracas des villes comblant l'homme jusqu'au
      bord.

La sirène les a tirés de la forêt,
que tourmentent les troncs durs comme minerai,
les colons aux regards traversés de lianes,
la mémoire feuillue et déchirée de ronces
et la brousse jusqu'à l'âme.

Amaigris, épineux sous la chaleur qui lime,
taraudés même la nuit de cauchemars de soleil,
les bras absents, les jambes creuses,
le cœur attaché par une pauvre ficelle,
immobiles, les colons, immobiles,
au garde-à-vous de la mélancolie.

Sur la rive resserrée
que lèchent fleuve et forêt
on décharge des colis,
caisses et sacs de biscuits,
grands rectangles de fer-blanc,
une charrette et un banc.

Il est même trois balais
pour la brousse et la forêt,
et un chien qui n'aboie pas.

66

Il est des accordéons,
une cage à colibris,
et de grands yeux agrandis,

il y a des sacs postaux,

il y a de gros paquets
noirs de toile goudronnée
qui gardent bien leur secret.

Et le soir vient saisir ces formes espacées
qu'il emmêle dans son épaississant filet.

Les bois à contre-jour sont gorgés de nuit chaude,
Tous les oiseaux sont dans la nuit
Que de plumages sans aurore!
Sur la rive, des visages nus
Et des mains nues et des pied nus
Bourdonnent encore de chimères.

On commence à charger le bois pour la partance.
Des hommes, sous l'œil dur d'un projecteur du bord,
Se passent, l'un à l'autre, ainsi qu'un enfant mort,
Une bûche couchée en son propre silence.

LA VACHE DE LA FORÊT

Elle est tendue en arrière
Et le regard même arqué,
Elle souffle sur le fleuve
Comme pour le supprimer.
Ces planches jointes qui flottent
Est-ce fait pour une vache
Colorée par l'herbe haute,
Aimant à mêler son ombre
A l'ombre de la forêt?
Sur la boue vive elle glisse
Et tombe pattes en l'air.

Alors vite on les attache
Et l'on en fait un bouquet,
On en fait un bouquet âpre
D'une lanière noué,
Tandis qu'on tire sa queue,
Refuge de volonté;
Puis on traîne dans la barque
Ce sac essoufflé à cornes,
Aux yeux noirs coupés de blanche
Angoisse par le milieu.

Çà et là dans le canot
La vache quittait la terre;
Dans le petit jour glissant,
Les pagayeurs pagayèrent.

Aux flancs noirs du paquebot
Qui sécrète du destin,
Le canot enfin s'amarre.
A une haute poulie
On attache par les pattes
La vache qu'on n'oublie pas,
Harcelée par cent regards
Qui la piquent comme taons.

Puis l'on hisse par degrés
L'animal presque à l'envers,
Le ventre plein d'infortune,
La corne prise un instant
Entre barque et paquebot
Craquant comme une noix sèche.

Sur le pont voici la vache
Suspectée par un bœuf noir
Immobile dans un coin
Qu'il clôture de sa bouse.

Près de lui elle s'affale
Une corne sur l'oreille
Et voudrait se redresser,
Mais son arrière-train glisse
De soi-même abandonné,
Et n'ayant à ruminer
Que le pont tondu à ras
Elle attend le lendemain.

Tout le jour le bœuf lécha
Un sac troué de farine;
La vache le voyait bien.

Vint enfin le lendemain
Avec son pis plein de peines.
Près du bœuf qui regardait,
Luisaient au soleil nouveau,
Entre des morceaux de jour,
Seuls deux grands quartiers de viande,
Côtes vues par le dedans.
La tête écorchée mauvaise,
De dix rouges différents,
Près d'un cœur de boucherie,
Et, formant un petit tas,
Le cuir loin de tout le reste,
Douloureux d'indépendance,
Fumant à maigres bouffées.

Paranà, 1920.

LA MÉTISSE

Depuis dix ans ils avaient vécu à vingt lieues d'un
      sourire de femme,
leurs yeux ne s'étaient allumés à d'autres yeux,
leurs mains ne s'étaient rejointes autour d'un corps,
ils tombaient épuisés par les dures chevauchées
      derrière le bétail au galop de bois,
n'ayant pour compagnons que les moutons monotones,
      les vaches vagissantes, et des chevaux exténués
      par une sécheresse de sept mois.
Vint une métisse énorme et jaune dont les lèvres
      s'effaçaient et renaissaient en sourires,
dont les regards s'échappaient au loin accouraient
      en toute hâte puérile.
Son ventre vagabondait doucement sous son large
      tablier rose-bleu,
son col fléchissait comme celui des calandres
et les gauchos confondaient son corps aux cuisses
      obèses,
avec les frêles adolescentes dansant sur la couverture
      coloriée des almanachs de la Capitale.
Comme Indalecia se donnait à tous
ses promesses formaient sur les murs du rancho

une frise de grappes douces
et le vieil accordéon pourri donnait de nouveau, la
    nuit
l'aigre grêle de ses notes qui eussent été fausses
sans la métisse qui les refaisait à l'image de son
    sourire,
parmi la fumée du foyer et les étincelles.

IGUAZU [1]

A travers la Pampa n'ayant pour relief
que des vaches condamnées à brouter dès le premier
     tremblement du jour
jusqu'à ce que l'herbe ait un goût de crépuscule,
roule le train comminatoire qui vise de tout son fer
     le Nord guarani.
Tout d'un coup voici un palmier en pleine cam-
     pagne,
un palmier d'origine, un palmier de chez lui,
premier avertissement des tropiques proches,
puis une petite palmeraie
qui fait front de toutes parts
puis des palmiers qui vont les uns engendrant les
     autres,
tous forcés par le train en fureur
à glisser sans bruit vers l'arrière
dans la plus complète obéissance,
tout ce qui était devant passant brusquement
de la forêt, au souvenir,

1. Prononcer : Igouassou.

et ne devant vivre désormais en moi
que dans la confusion d'images bien battues par le
        train tenace
comme des cartes d'auberge par des mains soup-
        çonneuses.
Mais la forêt se fait si dense qu'elle a arrêté le
train.

Sur le fleuve maintenant
flottent le navire à roues et ma pensée
tandis que glissent des bacs
couverts de cèdres frais-coupés et déjà rigides comme
        des Indiens morts;
on n'entend même pas la respiration de la forêt
dans le paysage brûlé de silence.

La sirène à vapeur du navire arrêté déchire le paysage
cruellement, de son couteau ébréché.
Les caractactes de l'Iguazu
sous la présence acharnée d'arbres de toutes les tailles
        qui tous veulent voir,
les cataractes,
dans un fracas de blancheurs,
foncent en mille fumantes perpendiculaires
violentes comme si elles voulaient
traverser le globe de part en part.
Les cordes où s'accroche l'esprit, mauvais nageur,
se cassent au ras de l'avenir.
Des phrases mutilées, des lettres noires survivantes
se cherchent, aveugles, à la dérive
pour former des îlots de pensée
et soudain, comme un chef fait l'appel de ses hommes
        après l'alerte,

je compte mes moi dispersés que je rassemble en
    toute hâte.
Me revoici tout entier
avec mes mains de tous les jours que je regarde.
Et je ferme les yeux et je cimente mes paupières.

RETOUR A PARIS

Je voudrais vivre de mes souvenirs à petites bouffées
et que ne seraient-ils la rente fumeuse de mes voyages.
Mais ils veulent que je m'occupe d'eux tous en même
    temps.
Heureux celui qui dit : Entrez!
et ne voit s'avancer qu'un seul souvenir très déférent.
Voici des images de tous les formats, retour de voyage,
des tiroirs qui n'entrent pas tous dans les vides de mes
    vieilles commodes,
un bois de cèdres au naturel,
des troupeaux de moutons coulant comme des fleuves,
des cataractes effroyables qui semblent tomber de
    l'au-delà,
et une pampa près de quoi la véritable
n'est qu'un bout de terrain vague des environs de
    Paris.
Comme je serais heureux d'envoyer le tout chez
    l'encadreur,
et qu'il n'en soit plus question!
Mais peut-être m'habituerai-je à ces choses de toute
    les tailles
que je porte en moi et autour de moi

et finirai-je par montrer l'embonpoint moral
de la marchande de l'avenue du Bois
qui a de grands et de petits cerceaux
et du réconfort pour tous les âges!
Voici venir des charpentiers,
des égorgeurs,
des sages-femmes.
Entrez, mes chers metteurs en ordre,
je ne vous demande qu'une grâce,
ne touchez pas à ce que j'appellerai mon âme,
    accessoire trop délicat pour vos grosses mains
    ouvrières,
ni à mon casque des colonies
qui me fut donné par une famille d'indigènes
un dimanche,
sous l'équateur,
ne touchez pas à ces choses

je vais repartir.

MATINALE

Mon âme donne sur la cour
Où quelques canaris pépient,
Une bonne dans l'ombre pie
Repasse ses vieilles amours.

Le lait du petit jour qu'on monte
Propose une âme et de l'espoir
Aux anneaux de l'escalier noir
Où tintent ses promesses promptes.

Ce sont les bruits clairs du matin,
Le jour nouveau qui me visitent,
Et ni moins vite, ni plus vite
Les pas serviles du destin.

Ce sont mes jambes de trente ans
Qui filent vers la quarantaine,
Sans que ni l'amour ni la haine
Ne les arrêtent un instant.

Je retrouve à la même place
Mes os d'hier et d'aujourd'hui,
Parmi la chair vive et sa nuit
Mon cœur m'encombre et me grimace.

Plus de trente ans je me cherchai
Toujours de moi-même empêché,
Hier enfin je me vis paraître
Debout dans la brousse de l'être;
J'étais nu, le cœur apparent
Avec sa courbe et son tourment.
Je donnai à l'autre moi-même
(Aussitôt nous nous reconnûmes)
Une poignée de main sereine
Ayant un petit goût posthume.
Il n'y eut pas même une larme,
Ce fut grave torride calme,
Et je me tendis une palme
Que je gardais depuis trente ans
Pour ce purissime moment.

LA CORRIDA

Je me souviens de cette paille
Qu'un tendre jour m'avait cédé
Un cheval âpre et décidé
Qui s'en allait les yeux bandés
Faire hommage de ses entrailles.

FRÈRES D'ARMES

Canne, gants, chapeau de soie.
Les gants sont dans le chapeau
Et l'on voit passer les doigts,
A moitié, de blanche peau.

La canne en deux sens déborde
Le chapeau sans l'offenser
Mais avec art, scrupule, ordre,
Comme il sied entre pensers.

Il est de si graves charmes
Entre ces objets voisins
Qu'ils tournent aux frères d'armes
Choquant verres de vin fin.

ABORDAGE

Pirates, gestes sauvages,
Rapt aux îles du Cap Vert,
Dans le rut de l'abordage
Une négresse à la mer.

Le couchant métamorphose
L'océan, la terre, l'air
Un noir nu se mue en rose
Que tranche un sabre de fer.

Ce sont mes yeux qui transposent,
Et parmi chaises et plaids
Sur le paquebot morose
Seuls circulent des valets.

SOUS LES PALMIERS

Il fait à Djibouti si chaud,
Si métallique, âpre, inhumain,
Qu'on planta des palmiers de zinc
Les autres mourant aussitôt.

Quand on s'assied sous la ferraille
Crissante au souffle du désert,
Il vous tombe de la limaille,
Bientôt vous en êtes couvert.

Mais vous possédez l'avantage,
Sous la palme au fracas de train,
D'imaginer d'autres voyages
Qui vous mènent beaucoup plus loin.

FUITE

O Poète qui fuis l'Afrique,
Sa discipline, ses amours,
Ne crains-tu pas en Amérique
De regretter ces combles jours

Où parmi leurs sourires vastes
Se dressaient à ton cri de « Go! »
Les fils et filles du Congo
En pyramide de gymnastes?

LA CHANSON DU BALADIN

Il avait tant voyagé
Que son cœur très allégé
Précédait son corps moins leste.

Puis un jour, bon gré, mal gré,
Sa cervelle avait viré
En une bulle céleste.

Et longtemps après sa mort
Ces accessoires encor
Dans les ténèbres agrestes
Tournaient avec leur chant fou
Mais horlogé de coucou.

Gravitations

A Valery Larbaud

Lorsque nous serons morts nous parlerons de vie.
                                    Tristan L'Hermite.

Les colonnes étonnées

LE PORTRAIT

Mère, je sais très mal comme l'on cherche les morts,
Je m'égare dans mon âme, ses visages escarpés,
Les ronces et ses regards.
Aide-moi à revenir
De mes horizons qu'aspirent des lèvres vertigineuses,
Aide-moi à être immobile,
Tant de gestes nous séparent, tant de lévriers cruels!
Que je penche sur la source où se forme ton silence
Dans un reflet de feuillage que ton âme fait trembler.
Ah! sur ta photographie
Je ne puis pas même voir de quel côté souffle ton
    regard.
Nous nous en allons pourtant, ton portrait avec
    moi-même,
Si condamnés l'un à l'autre
Que notre pas est semblable
Dans ce pays clandestin
Où nul ne passe que nous.
Nous montons bizarrement les côtes et les montagnes
Et jouons dans les descentes comme des blessés sans
    mains.
Un cierge coule chaque nuit, gicle à la face de l'aurore,

L'aurore qui tous les jours sort des draps lourds
de la mort,
A demi asphyxiée,
Tardant à se reconnaître.

Je te parle durement, ma mère;
Je parle durement aux morts parce qu'il faut leur
parler dur,
Debout sur des toits glissants,
Les deux mains en porte-voix et sur un ton cour-
roucé,
Pour dominer le silence assourdissant
Qui voudrait nous séparer, nous les morts et les
vivants.
J'ai de toi quelques bijoux comme des fragments de
l'hiver
Qui descendent les rivières,
Ce bracelet fut de toi qui brille en la nuit d'un coffre
En cette nuit écrasée où le croissant de la lune
Tente en vain de se lever
Et recommence toujours, prisonnier de l'impossible.

J'ai été toi si fortement, moi qui le suis si faiblement,
Et si rivés tous les deux que nous eussions dû mourir
ensemble
Comme deux matelots mi-noyés, s'empêchant l'un
l'autre de nager,
Se donnant des coups de pied dans les profondeurs
de l'Atlantique
Où commencent les poissons aveugles
Et les horizons verticaux.

Parce que tu as été moi
Je puis regarder un jardin sans penser à autre chose,

Choisir parmi mes regards,
M'en aller à ma rencontre.
Peut-être reste-t-il encore
Un ongle de tes mains parmi les ongles de mes mains,
Un de tes cils mêlé aux miens ;
Un de tes battements s'égare-t-il parmi les batte-
    ments de mon cœur,
Je le reconnais entre tous
Et je sais le retenir.

Mais ton cœur bat-il encore ? Tu n'as plus besoin
    de cœur,
Tu vis séparée de toi comme si tu étais ta propre
    sœur,
Ma morte de vingt-huit ans,
Me regardant de trois quarts,
Avec l'âme en équilibre et pleine de retenue.
Tu portes la même robe que rien n'usera plus,
Elle est entrée dans l'éternité avec beaucoup de
    douceur
Et change parfois de couleur, mais je suis seul à
    savoir.

Cigales de cuivre, lions de bronze, vipères d'argile,
C'est ici que rien ne respire !
Le souffle de mon mensonge
Est seul à vivre alentour.
Et voici à mon poignet
Le pouls minéral des morts,
Celui-là que l'on entend si l'on approche le corps
Des strates du cimetière.

A UNE ENFANT

Que ta voix à travers les portes et les murs
Me trouve enfin dans ma chambre, caché par la poésie,
O enfant qui es mon enfant,
Toi qui as l'étonnement de la corbeille peu à peu
  garnie de fleurs et d'herbes odorantes
Quand elle se croyait oubliée dans un coin,
Et tu regardes de mon côté comme en pleine forêt
  l'écriteau qui montre les routes.
La peinture est visible à peine,
On confond les distances
Mais on est rassuré.

O dénuement!
Tu n'es même pas sûre de posséder ta petite robe
  ni tes pieds nus dans tes sandales
Ni que tes yeux soient bien à toi, ni même leur
  étonnement,
Ni cette bouche charnue, ni ces paroles retenues,
As-tu seulement le droit de regarder du haut en
  bas ces arbres qui barrent le ciel du jardin
Avec toutes ces pommes de pin et ces aiguilles qui
  fourmillent?

Le ciel est si large qu'il n'est peut-être pas de place
    en dessous pour une enfant de ton âge,
Trop d'espace nous étouffe autant que s'il n'y en
    avait pas assez,
Et pourtant il te faut, comme les personnes grandes,
Endurer tout l'univers avec son sourd mouvement;
Même les fourmis s'en accommodent et les petits des
    fourmis.
Comment faire pour accueillir les attelages sur les
    routes, à des vitesses différentes,
Et les chaudières des navires qui portent le feu sur
    la mer?
Tes yeux trouveraient dans les miens le secours que
    l'on peut tirer
De cette chose haute à la voix grave qu'on appelle
    un père dans les maisons
S'il ne suffisait de porter un regard clair sur le monde

L'AME ET L'ENFANT

Ton sourire, Françoise, est fluide d'enfance
Et le monde où tu vis encor mal éclairé,
Mais ton âme déjà luit dans sa ressemblance.
Elle a la joue aimante et le teint coloré.

Et vous vous en allez comme des sœurs jumelles
Dont l'une est faite d'air du matin ou du soir.
Si je me mets devant ses légères prunelles
Je sais que l'autre attend sa part de mes regards.

Vienne une promenade et vous voici parées
Et courant à l'envi derrière l'avenir.
Laquelle va devant, dans sa grâce égarée,
Laquelle va derrière, et prise par un fil?

Le vent et le soleil si bien vous multiplient
Que vous faites courir les rives de la vie.

APPARITION

A Max Jacob

Où sont-ils les points cardinaux,
Le soleil se levant à l'Est,
Mon sang et son itinéraire
Prémédité dans mes artères?
Le voilà qui déborde et creuse,
Grossi de neiges et de cris
Il court dans des régions confuses;
Ma tête qui jusqu'ici
Balançait les pensées comme branches des îles,
Forge des ténèbres crochues.
Ma chaise que happe l'abîme
Est-ce celle du condamné
Qui s'enfonce dans la mort avec toute l'Amérique?

Qui est là? Quel est cet homme qui s'assied à notre
    table
Avec cet air de sortir comme un trois-mâts du brouil-
    lard,

Ce front qui balance un feu,. ces mains d'écume
    marine,
Et couverts les vêtements par un morceau de ciel
    noir?
A sa parole une étoile accroche sa toile araigneuse,
Quand il respire il déforme et forme une nébuleuse.
Il porte, comme la nuit, des lunettes cerclées d'or
Et des lèvres embrasées où s'alarment des abeilles,
Mais ses yeux, sa voix, son cœur sont d'un. enfant
    à l'aurore.
Quel est cet homme dont l'âme fait des signes solen-
    nels?
Voici Pilar, elle m'apaise, ses yeux déplacent le
    mystère.
Elle a toujours derrière elle comme un souvenir de
    famille
Le soleil de l'Uruguay qui secrètement pour nous
    brille,
Mes enfants et mes amis, leur tendresse est circulaire
Autour de la table ronde, fière comme l'univers;
Leurs frais sourires s'en vont de bouche en bouche
    fidèles,
Prisonniers les uns des autres, ce sont couleurs d'arc-
    en-ciel.

Et comme dans la peinture de Rousseau le douanier,
Notre tablée monte au ciel voguant dans une nuée.
Nous chuchotons seulement tant on est près des
    étoiles,
Sans cartes ni gouvernail, et le ciel pour bastingage.

Comment vinrent jusqu'ici ces goélands par centaines
Quand déjà nous respirons un angélique oxygène,

Nous cueillons et recueillons du céleste romarin,
De la fougère affranchie qui se passe de racines,
Et comme il nous est poussé dans l'air pur des ailes
    longues
Nous mêlons notre plumage à la courbure des mondes.

1923.

UNE ÉTOILE TIRE DE L'ARC

A Pilar.

Toutes les brebis de la lune
Tourbillonnent vers ma prairie
Et tous les poissons de la lune
Plongent loin dans ma rêverie.

Toutes ses barques, ses rameurs
Entourent ma table et ma lampe
Haussant vers moi des fruits qui trempent
Dans le vertige et la douceur.

Jusqu'aux astres indéfinis
Qu'il fait humain, ô destinée!
L'univers même s'établit
Sur des colonnes étonnées.

Oiseau des Iles outreciel
Avec tes nuageuses plumes
Qui sais dans ton cœur archipel
Si nous serons et si nous fûmes,

Toi qui mouillas un jour tes pieds
Où le bleu des nuits a sa source,
Et prends le soleil dans ton bec
Quand tu le trouves sur ta course,

La terre lourde se souvient,
Oiseau, d'un monde aérien,

Où la fatigue est si légère
Que l'abeille et le rossignol
Ne se reposent qu'en plein vol
Et sur des fleurs imaginaires.

Une étoile tire de l'arc
Perçant l'infini de ses flèches
Puis soulève son étendard
Qu'une éternelle flamme lèche,

Un chêne croyant à l'été
Quand il n'est que l'âme d'un chêne
Offre son écorce ancienne
Au vent nu de l'éternité.

Ses racines sont apparentes,
Un peu d'humus y tremble encor,
L'ombre d'autrefois se lamente
Et tourne autour de l'arbre mort.

Un char halé par des bœufs noirs
Qui perdit sa route sur terre
La retrouve au tournant de l'air
Où l'aurore croise le soir,

Un nuage, nouveau Brésil
Emprisonnant d'immenses fleuves,
Dans un immuable profil
Laisse rouler sur lui les heures,

Un nuage, un autre nuage,
Composés d'humaines prières
Se répandent en sourds ramages
Sans parvenir à se défaire.

1923.

47 BOULEVARD LANNES

A Marcel Jouhandeau.

Boulevard Lannes que fais-tu si haut dans l'espace
Et tes tombereaux que tirent des percherons l'un
    derrière l'autre,
Les naseaux dans l'éternité
Et la queue balayant l'aurore?
Le charretier suit, le fouet levé,
Une bouteille dans sa poche.
Chaque chose a l'air terrestre et vit dans son naturel.
Boulevard Lannes que fais-tu au milieu du ciel
Avec tes immeubles de pierre que viennent flairer
    les années,
Si à l'écart du soleil de Paris et de sa lune
Que le réverbère ne sait plus s'il faut qu'il s'éteigne
    ou s'allume
Et que la laitière se demande si ce sont bien des
    maisons,
Avançant de vrais balcons,
Et si tintent à ses doigts des flacons de lait ou des
    mondes?

Près du ruisseau un balayeur de feuilles mortes de
    platanes
En forme un tas pour la fosse commune de tous les
    platanes
Échelonnés dans le ciel.
Ses mouvements font un bruit aéré d'immensité
Que l'âme voudrait imiter.
Ce chien qui traverse la chaussée miraculeusement
Est-ce encor un chien respirant?
Son poil sent la foudre et la nue
Mais ses yeux restent ingénus
Dans la dérivante atmosphère
Et je doute si le boulevard
N'est pas plus large que l'espace entre le Cygne et
    Bételgeuse.
Ah! si je colle l'oreille à l'immobile chaussée
C'est l'horrible galop des mondes, la bataille des
    vertiges;
Par la fente des pavés
Je vois que s'accroche une étoile
A sa propre violence
Dans l'air creux insaisissable
Qui s'enfuit de toutes parts.

Caché derrière un peu de nuit comme par une
    colonne,
En étouffant ma mémoire qui pourrait faire du
    bruit,
Je guette avec mes yeux d'homme
Mes yeux venus jusqu'ici,
Par quel visage travestis?
Autour de moi je vois bien que c'est l'année où nous
    sommes

Et cependant on dirait le premier jour du monde
Tant les choses se regardent fixement
Entourées d'un mutisme différent.

Ce pas lourd sur le trottoir
Je le reconnais c'est le mien,
Je l'entends partir au loin,
Il s'est séparé de moi
(Ne lui suis-je donc plus rien)
S'en va maintenant tout seul,
Et se perd au fond du Bois.
Si je crie on n'entend rien
Que la plainte de la Terre
Palpant vaguement sa sphère
A des millions de lieues,
S'assurant de ses montagnes,
De ses fleuves, ses forêts
Attisant sa flamme obscure
Où se chauffe le futur
(Il attend que son tour vienne.)

Je reste seul avec mes os
Dont j'entends les blancheurs confuses :
« Où va-t-il entre deux ciels, si froissé par ses pensées,
Si loin de la terre ferme
Le voilà qui cherche l'ombre et qui trouve du soleil. »

Puisque je reconnais la face de ma demeure dans
        cette altitude
Je vais accrocher les portraits de mon père et de ma
        mère
Entre deux étoiles tremblantes,
Je poserai la pendule ancienne du salon

Sur une cheminée taillée dans la nuit dure
Et le savant qui un jour les découvrira dans le ciel
En chuchotera jusqu'à sa mort.
Mais il faudra très longtemps pour que ma main
　　aille et vienne
Comme si elle manquait d'air, de lumière et d'amis
Dans le ciel endolori
Qui faiblement se plaindra
Sous les angles des objets qui seront montés de la
　　Terre.

PROPHÉTIE

A Jean Cassou.

Un jour la Terre ne sera
Qu'un aveugle espace qui tourne
Confondant la nuit et le jour.
Sous le ciel immense des Andes
Elle n'aura plus de montagnes,
Même pas un petit ravin.

De toutes les maisons du monde
Ne durera plus qu'un balcon
Et de l'humaine mappemonde
Une tristesse sans plafond
De feu l'Océan Atlantique
Un petit goût salé dans l'air,
Un poisson volant et magique
Qui ne saura rien de la mer.

D'un coupé de mil-neuf-cent-cinq
(Les quatre roues et nul chemin!)
Trois jeunes filles de l'époque

Restées à l'état de vapeur
Regarderont par la portière
Pensant que Paris n'est pas loin
Et ne sentiront que l'odeur
Du ciel qui vous prend à la gorge.

A la place de la forêt
Un chant d'oiseau s'élèvera
Que nul ne pourra situer,
Ni préférer, ni même entendre,
Sauf Dieu qui, lui, l'écoutera
Disant : « C'est un chardonneret ».

LE SURVIVANT

A Alfonso Reyes.

Lorsque le noyé se réveille au fond des mers et que
    son cœur
Se met à battre comme le feuillage du tremble
Il voit approcher de lui un cavalier qui marche
    l'amble
Et qui respire à l'aise et lui fait signe de ne pas avoir
    peur.
Il lui frôle le visage d'une touffe de fleurs jaunes
Et se coupe devant lui une main sans qu'il y ait
    une goutte de rouge.
La main est tombée dans le sable où elle fond sans
    un soupir
Une autre main toute pareille a pris sa place et les
    doigts bougent.

Et le noyé s'étonne de pouvoir monter à cheval,
De tourner la tête à droite et à gauche comme s'il
    était au pays natal,
Comme s'il y avait alentour une grande plaine, la
    liberté,

Et la permission d'allonger la main pour cueillir
 un fruit de l'été.

Est-ce donc la mort cela, cette rôdeuse douceur
Qui s'en retourne vers nous par une obscure faveur?

Et serais-je ce noyé chevauchant parmi les algues
Qui voit comme se reforme le ciel tourmenté de
 fables.

Je tâte mon corps mouillé comme un témoignage
 faible
Et ma monture hennit pour m'assurer que c'est
 elle.

Un berceau bouge, l'on voit un pied d'enfant réveillé.
Je m'en vais sous un soleil qui semble frais inventé.

Alentour il est des gens qui me regardent à peine,
Visages comme sur terre, mais l'eau a lavé leurs
 peines.

Et voici venir à moi des paisibles environs
Les bêtes de mon enfance et de la Création

Et le tigre me voit tigre, le serpent me voit serpent,
Chacun reconnaît en moi son frère, son revenant.

Et l'abeille me fait signe de m'envoler avec elle
Et le lièvre qu'il connaît un gîte au creux de la terre

Où l'on ne peut pas mourir.

LE MATIN DU MONDE

A Victor Llona.

Alentour naissaient mille bruits
Mais si pleins encor de silence
Que l'oreille croyait ouïr
Le chant de sa propre innocence.

Tout vivait en se regardant,
Miroir était le voisinage
Où chaque chose allait rêvant
A l'éclosion de son âge.

Les palmiers trouvant une forme
Où balancer leur plaisir pur
Appelaient de loin les oiseaux
Pour leur montrer des dentelures.

Un cheval blanc découvrait l'homme
Qui s'avançait à petit bruit,
Avec la Terre autour de lui
Tournant pour son cœur astrologue.

Le cheval bougeait les naseaux
Puis hennissait comme en plein ciel
Et tout entouré d'irréel
S'abandonnait à son galop.

Dans la rue, des enfants, des femmes,
A de beaux nuages pareils,
S'assemblaient pour chercher leur âme
Et passaient de l'ombre au soleil.

Mille coqs traçaient de leurs chants
Les frontières de la campagne
Mais les vagues de l'océan
Hésitaient entre vingt rivages.

L'heure était si riche en rameurs,
En nageuses phosphorescentes
Que les étoiles oublièrent
Leurs reflets dans les eaux parlantes.

COMMENCEMENTS

Dans l'œil de cette biche on voit
Un étang noir, une cabane
D'un autre monde diaphane
Où boit un cerf parmi ses bois.

De ce futur cheval n'existe
Encor que le hennissement
Et la crinière dans sa fuite
Que se disputent quatre vents.

De loin voici que m'arrive
Un clair visage sans maître
Cherchant un corps pour que vive
Sa passion de connaître.

Nulle lèvre ne le colore
Mais avec un soin studieux,
Double, une natte de cheveux
Tombe sur un fragment d'épaule.

Virez chevelures de femmes,
Virez beaux gestes sans bras,

Audaces qui cherchez une âme,
Violences qui voulez un bras,

Regards sans iris ni racines
Rôdant dans l'espace argentin,
O regards, serez-vous enfin
Retenus par une rétine?

MOUVEMENT

Ce cheval qui tourna la tête
Vit ce que nul n'a jamais vu
Puis il continua de paître
A l'ombre des eucalyptus.

Ce n'était ni homme ni arbre
Ce n'était pas une jument
Ni même un souvenir de vent
Qui s'exerçait sur du feuillage.

C'était ce qu'un autre cheval,
Vingt mille siècles avant lui,
Ayant soudain tourné la tête
Aperçut à cette heure-ci.

Et ce que nul ne reverra,
Homme, cheval, poisson, insecte,
Jusqu'à ce que le sol ne soit
Que le reste d'une statue
Sans bras, sans jambes et sans tête.

ÉQUIPAGES

À L. Bazalgette.

Dans un monde clos et clair
Sans océan ni rivières,
Une nef cherche la mer
De l'étrave qui résiste
Mal aux caresses de l'air,
Elle avance sur l'horreur
De demeurer immobile
Sans que sa voile fragile
En tire un peu de bonheur.
Ses flancs ne sont pas mouillés
Par l'eau saline impossible
Et les dauphins familiers
Lentement imaginés
Ne le prennent pas pour cible.

Son équipage figé
Attend le long de la lisse
Que l'océan se déclare
Et que l'heure soit propice.

Si l'on regarde de près
Chaque marin tour à tour
On voit d'année en année
Que chacun de ces visages,
Mieux que s'ils étaient de pierre,
Ne vieillit pas d'un seul jour.

Mais un navire identique
Vogue sur le Pacifique
Avec de pareils marins,
Mais ils vivent, vont et viennent
Et chacun a son travail,
L'un monte au mât de misaine,
Un autre à la passerelle
Se penche sur le sextant
Et voici de vrais dauphins
Sous les yeux du Capitaine
Parmi l'écume marine
Qui chante d'être elle-même.

vividness of ship in 1st st. causes him to see a ship in an actual place which is real & has a live crew

MONTEVIDEO

Je naissais, et par la fenêtre
Passait une fraîche calèche.

Le cocher réveillait l'aurore
D'un petit coup de fouet sonore.

Flottait un archipel nocturne
Encore sur le jour liquide.

Les murs s'éveillaient et le sable
Qui dort écrasé dans les murs.

Un peu de mon âme glissait
Sur un rail bleu, à contre-ciel,

Et un autre peu se mêlant
A un bout de papier volant

Puis, trébuchant sur une pierre,
Gardait sa ferveur prisonnière.

Le matin comptait ses oiseaux
Et jamais il ne se trompait.

Le parfum de l'eucalyptus
Se fiait à l'air étendu.

Dans l'Uruguay sur l'Atlantique
L'air était si liant, facile,
Que les couleurs de l'horizon
S'approchaient pour voir les maisons.

C'était moi qui naissais jusqu'au fond sourd des bois
Où tardent à venir les pousses
Et jusque sous la mer où l'algue se retrousse
Pour faire croire au vent qu'il peut descendre là.

La Terre allait, toujours recommençant sa ronde,
Reconnaissant les siens avec son atmosphère,
Et palpant sur la vague ou l'eau douce profonde
La tête des nageurs et les pieds des plongeurs.

SANS MURS

A Ramon Gomez de la Serna.

Tout le ciel est taché d'encre comme les doigts d'un
    enfant.
Où l'école et le cartable?
Dissimule cette main, — elle aussi a des taches
    noires —
Sous le bois de cette table.
Quarante visages d'enfants divisent ma solitude.
Qu'ai-je fait de l'océan,
Dans quel aérien désert sont morts les poissons volants?
J'ai seize ans de par le monde et sur les hautes mon-
    tagnes,
J'ai seize ans sur les rivières et autour de Notre-
    Dame,
Dans la classe de Janson
Où je vois le temps passer sur le cadran de mes
    paumes.
Le bruit de mon cœur m'empêche d'écouter le pro-
    fesseur.
J'ai déjà peur de la vie avec ses souliers ferrés

Et ma peur me fait si honte que j'égare mon regard
Dans un lointain où ne peut comparaître le remords.
Le pas des chevaux sur l'asphalte brille dans mon
    âme humide
Et se reflète à l'envers, entrecroisé de rayons.
Une mouche disparaît dans les sables du plafond,
Le latin autour de nous campe et nous montre sa
    lèpre;
Je n'ose plus rien toucher sur la table de bois noir.
Lorsque je lève les yeux, à l'Orient de la chaire
Je vois une jeune fille, de face comme la beauté,
De face comme la douleur, comme la nécessité.
Une jeune fille est assise, elle fait miroiter son cœur
Comme un bijou plein de fièvre aux distantes pier-
    reries.
Un nuage de garçons glisse toujours vers ses lèvres
Sans qu'il paraisse avancer.
On lui voit une jarretière, elle vit loin des plaisirs,
Et la jambe demi-nue, inquiète, se balance.
La gorge est si seule au monde que nous tremblons
    qu'elle ait froid,
(Est-ce ma voix qui demande si l'on peut fermer les
    fenêtres?)
Elle aimerait à aimer tous les garçons de la classe,
La jeune fille apparue,
Mais sachant qu'elle mourra si le maître la découvre
Elle nous supplie d'être obscurs afin de vivre un
    moment
Et d'être une jolie fille au milieu d'adolescents.
La mer dans un coin du globe compte, recompte ses
    vagues
Et prétend en avoir plus qu'il n'est d'étoiles au ciel.

MATHÉMATIQUES

A Maria Blanchard.

Quarante enfants dans une salle,
Un tableau noir et son triangle,
Un grand cercle hésitant et sourd
Son centre bat comme un tambour.

Des lettres sans mots ni patrie
Dans une attente endolorie.

Le parapet dur d'un trapèze,
Une voix s'élève et s'apaise
Et le problème furieux
Se tortille et se mord la queue.

La mâchoire d'un angle s'ouvre.
Est-ce une chienne? Est-ce une louve?

Et tous les chiffres de la terre,
Tous ces insectes qui défont
Et qui refont leur fourmilière
Sous les yeux fixes des garçons.

CHANSON

Jésus, tu sais chaque feuille
Qui verdira la forêt,
La racine en terre, seule,
Qui dévore son secret,
La terreur de l'éphémère
A l'approche de la nuit,
Et le soupir de la Terre
Dans le silence infini.
Tu peux suivre les poissons
Tourmentant les profondeurs,
Quand ils tournent et retournent
Et si s'arrête leur cœur.
Tu fais naître des chansons
Si loin au-delà des mers
Que la fille qui les chante
En tremble au fond de sa chair.

Écoutez-le bien, demain,
Jésus aura oublié,
Ne sera qu'une statue
Peinte sur la cheminée.

LA BELLE AU BOIS DORMANT

Amphidontes, carinaires, coquillages
Vous qui ne parlez qu'à l'oreille,
Révélez-moi la jeune fille
Qui se réveillera dans mille ans,
Que je colore la naissance
De ses lèvres et de ses yeux,
Que je lui dévoile le son
De sa jeunesse et de sa voix,
Que je lui apprenne son nom,
Que je la coiffe, la recoiffe
Selon mes mains et leur plaisir,
Et qu'enfin je la mesure avec mon âme flexible!
Je la reconnais, jouissant de sa claire inexistence
Dans le secret d'elle-même comme font les joies à venir,
Composant son sourire, en essayant plusieurs,
Disposant ses étamines
Sous un feuillage futur,
Où mille oiseaux, où mille plumes
Essaient déjà de se tenir,
Allumant des feux d'herbages,

Charmant l'eau loin de ses rives
Et jouant sur les montagnes
A les faire évanouir.

TIGES

A Francis de Miomandre.

Un peuplier sous les étoiles
Que peut-il.
Et l'oiseau dans le peuplier
Rêvant, la tête sous l'exil
Tout proche et lointain de ses ailes,
Que peuvent-ils tous les deux
Dans leur alliance confuse
De feuillages et de plumes
Pour gauchir la destinée.
Le silence les protège
Et le cercle de l'oubli
Jusqu'au moment où se lèvent
Le soleil, les souvenirs.
Alors l'oiseau de son bec
Coupe en lui le fil du songe
Et l'arbre déroule l'ombre
Qui va le garder tout le jour.

HOULE

Vous auberges et routes, vous ciels en jachère,
Vous campagnes captives des mois de l'année,
Forêts angoissées qu'étouffe la mousse,
Vous m'éveillez la nuit pour m'interroger,
Voici un peuplier qui me touche du doigt,
Voici une cascade qui me chante à l'oreille,
Un affluent fiévreux s'élance dans mon cœur,
Une étoile soulève, abaisse mes paupières
Sachant me déceler parmi morts et vivants
Même si je me cache dans un herbeux sommeil
Sous le toit voyageur du rêve.

Depuis les soirs apeurés que traversait le bison
Jusqu'à ce matin de mai qui cherche encore sa joie
Et dans mes yeux mensongers n'est peut-être qu'une
     fable,
La terre est une quenouille que filent lune et soleil
Et je suis un paysage échappé de ses fuseaux,
Une vague de la mer naviguant depuis Homère
Recherchant un beau rivage pour que bruissent
     trois mille ans.

La mémoire humaine roule sur le globe, l'enveloppe,
Lui faisant un ciel sensible innervé à l'infini,
Mais les bruits gisent fauchés dans tout le passé du
    monde,
L'histoire n'a pas encore pu faire entendre une voix,
Et voici seul sur la route planétaire notre cœur
Flambant comme du bois sec entre deux monts de
    silence
Qui sur lui s'écrouleront au vent mince de la mort.

Les vieux horizons déplacent les distances, les enfu-
        ment,
Orgueilleux d'être sans corps comme Dieu qui les
        créa,
Jamais le marin de quart ne sait quand il les traverse.

LE NUAGE

A Parra del Riego.

Un nuage va celant entre les plis de sa robe
Un paysage échappé de la terre et du soleil.
Quels aulnes sur la rivière et la couleur de quelle
    aube
Tremblent au creux du nuage qui se hâte dans le
    ciel?
La fleur prise en son contour comme dans son propre
    piège,
Le métal sonnant s'il tombe, pour se sentir moins
    aveugle,
Comme il croit les emporter
Dans les abîmes du ciel
Le nuage, sans volume, dont frissonne le dessin!
Et les plus lourdes odeurs, ô nuage sans odeur,
Et la chaleur sur la vigne, ô nuage sans chaleur!
Le chagrin d'un homme obscur dans une paillote
    de jonc
Il voudrait, ce beau chagrin, l'espacer loin dans le
    ciel,

Le cri d'un homme égorgé il voudrait le propager,
Faire un silence étoilé avec le silence des prés.
Et la truite qu'il a vue sauter d'argent sur le gave
Et que nul ne verra plus, comment la ravirait-il?
Et la fraise forestière
Qu'on ne voit que de tout près
Comment peut-on la ravir lorsque l'on n'est qu'un
    nuage
Avec les poches trouées?
Mais rien ne semble étonnant à ce peu de rien qui
    glisse,
Rien ne lui est si pesant qu'il ne puisse l'embarquer
Ni la place du marché, ni ses douze brasseries,
Toutes les tables dehors et les visages qui rient,
Le manège avec ses ors, les porcs de bois, leur pein-
    ture!

GRENADE

L'aube touche d'un regard long
Les tours et les urbaines combes.
Le ciel guidé par les colombes
Descend sur la ville à tâtons.

Sur chaque toit une fumée
Dans un itinéraire sourd
S'en va rejoindre au fond du jour
Les vieilles nuits mal consumées.

Un nuage de Charles-Quint
Frôlant les cyprès catholique
S'ouvre et des anges balsamiques
Glissent aux pentes du matin,

Anges de marbre et de peinture
Au vol roman ou renaissant,
Vierge au sourire diligent
Qui cherche l'âme sous la bure.

Un lion gronde dans sa pierre
Et vient par le chemin de ronde

Où des fleurs et des lucioles
Lui font auréole et lumière,

Son cœur par le marbre pressé
A son pas fait un bruit de chaîne
Rien ne lui peuvent les fontaines,
L'eau qui coule pour consoler.

Le cœur astrologue

HAUT CIEL

A Paul Morand.

S'ouvre le ciel touffu du milieu de la nuit
Qui roule du silence
Défendant aux étoiles de pousser un seul cri
Dans le vertige de leur éternelle naissance.

De soi-même prisonnières
Elles brûlent une lumière
Qui les attache, les délivre
Et les rattache sans merci.

Elles refoulent dans les siècles
L'impatience originelle
Qu'on reconnaît légèrement
A quelque petit cillement.

Le ciel de noires violettes
Répand une odeur d'infini
Et va chercher dans leur poussière
Les soleils que la mort bannit.

Une ombre longue approche et hume
Les astres de son museau de brume.

On devine l'ahan des galériens du ciel
Tapis parmi les rames d'un navire sans âge
Qui laisse en l'air un murmure de coquillage
Et navigue sans but dans la nuit éternelle,
Dans la nuit sans escales, sans rampes ni statues,
Sans la douceur de l'avenir
Qui nous frôle de ses plumes
Et nous défend de mourir.

Le navire s'éloigne derrière de hautes roches de
    ténèbres,
Les étoiles restent seules contractées au fond de leur
    fièvre

Avec leur aveu dans la gorge
Et l'horreur de ne pouvoir
Imaginer une rose
Dans leur mémoire qui brûle

LES GERMES

*Ils se répandraient de tous côtés et l'univers
en serait en quelque sorte ensemencé.*

Arrhenius.

O nuit frappée de cécité,
O toi qui vas cherchant, même à travers le jour,
Les hommes de tes vieilles mains trouées de miracles,
Voici les germes espacés, le pollen vaporeux des
    mondes,
Voici des germes au long cours qui ont mesuré tout
    le ciel
Et se posent sur l'herbe
Sans plus de bruit
Que le caprice d'une Ombre qui lui traverse l'esprit.

Ils échappèrent fluides au murmure enlisé des
    mondes
Jusqu'où s'élève la rumeur de nos plus lointaines
    pensées,
Celles d'un homme songeant sous les étoiles écou-
    teuses

Et suscitant en plein ciel une ronce violente,
Un chevreau tournant sur soi jusqu'à devenir une
étoile.

Ils disent le matelot que va disperser la tempête,
Remettant vite son âme au dernier astre aperçu
Entre deux vagues montantes,
Et, dans un regard noyé par la mer et par la mort,
Faisant naître à des millions horribles d'années-
lumière
Les volets verts de sa demeure timidement entr'ou-
verts
Comme si la main d'une femme allait les pousser du
dedans.
Et nul ne sait que les germes viennent d'arriver
près de nous
Tandis que la nuit ravaude
Les déchirures du jour.

SOUFFLE

Dans l'orbite de la Terre
Quand la planète n'est plus
Au loin qu'une faible sphère
Qu'entoure un rêve ténu,

Lorsque sont restés derrière
Quelques oiseaux étourdis
S'efforçant à tire-d'aile
De regagner leur logis,

Quand des cordes invisibles,
Sous des souvenirs de mains,
Tremblent dans l'éther sensible
De tout le sillage humain,

On voit les morts de l'espace
Se rassembler dans les airs
Pour commenter à voix basse
Le passage de la Terre.

Rien ne consent à mourir
De ce qui connut le vivre

Et le plus faible soupir
Rêve encore qu'il soupire.

Une herbe qui fut sur terre
S'obstine en vain à pousser
Et ne pouvant que mal faire
Pleure un restant de rosée.

Des images de rivières,
De torrents pleins de remords
Croient rouler une eau fidèle
Où se voient vivants les morts.

L'âme folle d'irréel
Joue avec l'aube et la brise
Pensant cueillir des cerises
Dans un mouvement du ciel.

1923.

OBSERVATOIRE

Le plus large fleuve du monde
Me cachait vos yeux et vos bras
Mon cœur devint sans le savoir
Une île sous les eaux profondes,
Elle n'osait se laisser voir.

Plus tard, vous étiez si près
Que j'entendais votre silence,
Comme, à l'orée de la forêt,
Écoute, seul, le dernier arbre.
Vous regardiez un point du ciel.

Et maintenant je ne suis plus
Que nuit dans votre ancienne rue,
Mais n'êtes-vous pas devenue
L'astronome d'un autre monde
Qui me suit de sa longue-vue?

CHEMIN DE RONDE

La terre file son chemin
Et tourne autour de son idée
Mais force champs, villes, jardins
A garder l'immobilité.

Les nuages passent rapides
Inquiets des évasions.

NAISSANCE

Entre le soleil et la terre
Un homme qui n'a pas de nom
A sondé la grotte céleste
De son alarmante chanson.

Son front bourdonne de pensées
Qui s'échappent en oiseaux gris
Et se dissolvent dans la nuit
Malgré leurs plumes hérissées.

A peu de distance gravitent
Les astres pauvres et soumis
Qui depuis avant Jésus-Christ,
Sans défaillir, cherchent un gîte.

Un chien en retrait, les yeux clos,
Devine que naît à ses pieds
Jusqu'aux trébuchants horizons
Une terre désespérée.

PROJECTION

Cimetière aérien, céleste poussière,
Où l'on reconnaîtrait des amis
Avec des yeux moins avares,
Cimetière aérien hanté de rues transversales,
De puissantes avenues
Et de quais d'embarquement pour âmes de toutes
    tailles,
Lorsque le vent vient du ciel
J'entends le piétinement
De la vie et de la mort qui troquent leurs prisonniers
Dans tes carrefours errants.

Vous appellerai-je fantômes,
Amalgames de ténèbres
A la recherche d'un corps,
D'une mince volupté,
Vous dont les plus forts désirs
Troublent le miroir du ciel
Sans pouvoir s'y refléter,
Attendez-vous la naissance
D'une lune au bec de cygne
Ou d'une étoile en souffrance

Derrière un céleste signe,
Attendez-vous une aurore
Un soleil moins humiliants
Ou bien une petite pluie
Pour glisser, sans qu'on la voie,
Dans nos domiciles stricts
Votre âme grêle ambulante
Qu'effarouchent les vivants
Avec leur cœur attaché,
Avec leurs os cimentés sous un heureux pavillon,
Tous ces gens qui parlent fort de leur bouche colorée
Et sont fiers de leurs pensées vigilantes et fourrées,
De leur regard parcourant, sans fatigue, l'horizon.

DISTANCES

A Georges Pillement.

Dans l'esprit plein de distances qui toujours se
    développent
Comme au fond d'un télescope
L'homme accueille les aveux de sa pensée spacieuse,
Carte du ciel où s'aggravent Altaïr et Bételgeuse.

Venant de l'âge de pierre une rumeur de bataille
Traverse l'air éternel
Montant la côte du ciel
Entourée de cris errants.

Des village arrachés
S'essaient à d'autres villages,
Défont et refont leurs formes
Comme une glaise impalpable.

L'âme d'obscures patries
Rôde désespérément dans le ciel indivisible.

Passe du côté d'Arcturu
Un vol de flèches perdues.

Une biche vient, regarde et disparaît haletante
Dans la brume de ses naseaux bleus qui tremblent
Sous les célestes rosées,
Mais elle a laissé dans l'air la trace de ses foulées.

On voit monter la lumière des visages morts sur
        terre,
Des complicités étranges pour assembler un sourire
Ou pour faire battre un cœur
A force de souvenirs.

Et même ce qui fut toujours ombre et silence
Fait alors sa confidence.

PLANÈTE

Le soleil sur Vénus se lève;
Sur la planète un petit bruit.
Est-ce une barque qui traverse
Sans rameur un lac endormi,
Est-ce un souvenir de la Terre
Venu gauchement jusqu'ici,
Une fleur tournant sur sa tige
Son visage vers la lumière
Parmi ces roseaux sans oiseaux
Piquant l'inhumaine atmosphère?

ASCENSION

A L. Pacheco

Ce nuage est traversé par le vol des forêts mortes
    Regagnant leurs origines,
    Effleurant l'axe du monde
    Sous le givre sidéral.

    Fantômes de peupliers
    Alignés comme sur terre
    Vous cherchez une rivière
    Pour la longer dignement.

    A ces arbrisseaux, ces arbustes
    Il fallait un chemin creux,
    Le ciel simule sous eux
    Une terrestre armature.

    A ces ombres reste-t-il
    La mémoire de la vie,
    Où s'arrêtera le fil
    De cette angoisse endormie?

LA TABLE

Des visages familiers
Brillent autour de la lampe du soleil.
Les rayons touchent les fronts
Et parfois changent de front
Oscillant de l'un à l'autre.

Des explosions d'irréel dans une fumée blanchissante
Mais nul bruit pour les oreilles :
Un fracas au fond de l'âme.
Des gestes autour de la table
Prennent le large, gagnent le haut-ciel,
Entre-choquent leurs silences
D'où tombent des flocons d'infini.

Et c'est à peine si l'on pense à la Terre
Comme à travers le brouillard d'une millénaire
    tendresse.

L'homme, la femme, les enfants,
A la table aérienne
Appuyée sur un miracle
Qui cherche à se définir.

Il est là une porte toute seule
Sans autre mur que le ciel insaisissable,
Il est là une fenêtre toute seule,
Elle a pour chambranle un souvenir
Et s'entr'ouvre
Pour pousser un léger soupir.

L'homme regarde par ici, malgré l'énorme distance,
Comme si j'étais son miroir,
Pour une confrontation de rides et de gêne.
La chair autour des os, les os autour de la pensée
Et au fond de la pensée une mouche charbonneuse.
Il s'inquiète
Comme un poisson qui saute
A la recherche d'un élément,
Entre la vase, l'eau et le ciel

Le ciel est effrayant de transparence,
Le regard va si loin qu'il ne peut plus vous revenir.
Il faut bien le voir naufrager
Sans pouvoir lui porter secours.

Tout à coup le soleil s'éloigne jusqu'à n'être plus
      qu'une étoile perdue
Et cille.

Il fait nuit, je me retrouve sur la Terre cultivée.
Celle qui donne le maïs et les troupeaux,
Les forêts belles au cœur.
Celle qui ronge nuit et jour nos gouvernails d'éléva-
      tion.

Je reconnais les visages des miens autour de la lampe
Rassurés comme s'ils avaient
Échappé à l'horreur du ciel,

Et le lièvre qui veille en nous se réjouit dans son
    gîte;
Il hume son poil doré
Et l'odeur de son odeur, son cœur qui sent le cerfeuil.

Suffit d'une bougie

CŒUR

A Jorge Guillen.

Suffit d'une bougie
Pour éclairer le monde
Autour duquel ta vie
Fait sourdement sa ronde,
Cœur lent qui t'accoutumes
Et tu ne sais à quoi,
Cœur grave qui résumes
Dans le plus sûr de toi
Des terres sans feuillage,
Des routes sans chevaux,
Un vaisseau sans visages
Et des vagues sans eaux.
Mais des milliers d'enfants
Sur la place s'élancent
En poussant de tels cris
De leurs frêles poitrines
Qu'un homme à barbe noire,
— De quel monde venu? —

D'un seul geste les chasse
Jusqu'au fond de la nue.

Alors de nouveau, seul,
Dans la chair tu tâtonnes,
Cœur plus près du linceul,
Cœur de grande personne.

RÊVE

Des mains effacent le jour
D'autres s'en prennent à la nuit.
Assis sur un banc mal équarri
J'attends mon tour.

Souffles d'une moustache,
Aciers à renifler,
L'œil noir d'une arquebuse,
Un sourire ébréché.

On entre, on sort, on entre,
La porte est grande ouverte.
Seigneurs du présent, seigneurs du futur,
Seigneurs du passé, seigneurs de l'obscur.

Quand la fenêtre s'ouvrira
Qui en vivra, qui en mourra?
Quand le soleil reviendra
Comprendrai-je que c'est lui?

VIVRE

Pour avoir mis le pied
Sur le cœur de la nuit
Je suis un homme pris
Dans les rets étoilés.

J'ignore le repos
Que connaissent les hommes
Et même mon sommeil
Est dévoré de ciel.

Nudité de mes jours,
On t'a crucifiée;
Oiseaux de la forêt
Dans l'air tiède, glacés.

Ah! vous tombez des arbres.

PRAIRIE

Le sommeil de mon cœur délie le nœud du jour,
Il roule sourdement l'Europe et l'Amérique
Dont il éteint les phares
Et le chant des cigales.

Le passé, l'avenir
Comme des chiens jumeaux flairent autour de nous.

EL ALBA

Couvertures de laine
Sur un corps de poète
Un mouton met sa tête
Sur le bord de mon lit.
Avec ses yeux de verre
A-t-il passé les mers
Ou descend-il du ciel
Foncé de l'Argentine?
Un agneau saute dur
Sur mes genoux frileux
Qui depuis vingt-cinq ans
N'ont pas fait leur prière.

RÉVEIL

Le monde me quitte, ce tapis, ce livre
      Vous vous en allez;
Le balcon devient un nuage libre
      Entre les volets.

Ah! chacun pour soi les quatre murs partent
      Me tournant le dos
Et comme une barque au loin les commandent
      D'invisibles flots.

Le plafond se plaint de son cœur de mouette
      Qui se serre en lui,
Le parquet mirant une horreur secrète
      A poussé un cri
Comme si tombait un homme à la mer
      D'un mât invisible
      Et couronné d'air.

Je sens l'effort du gazon
Qui veille sous tant de neige
Et l'effort de la raison
Dans l'esprit qui la protège.

Une voix dit : « C'est pour bientôt ».
Une autre : « Je l'entends venir ! »
Je ne sais ce que veulent dire
Ces belles voix à la dérive.

ÉCHANGES

Dans la flaque du petit jour
Ont bu les longs oiseaux nocturnes
Jusqu'à tomber morts alentour
Au dernier soupir de la lune.

Voici les flamants de l'aurore
Qui font leur nid dans la lumière
Avec la soie de l'horizon
Et le vent doré de leurs ailes.

HIER ET AUJOURD'HUI

Toute la forêt attend que la statue abaisse son bras
    levé.
Ce sera pour aujourd'hui.
Hier on avait pensé que ce serait peut-être pour
    hier.
Aujourd'hui on en est sûr, même les racines le savent.
Ce sera pour aujourd'hui.

RENCONTRES

A G. Bounoure.

J'avance en écrasant des ombres sur la route
Et leur plainte est si faible
Qu'elle a peine à me gravir
Et s'éteint petitement avant de toucher mon oreille.

Je croise des hommes tranquilles
Qui connaissent la mer et vont vers les montagnes;
Curieux, en passant, ils soupèsent mon âme
Et me la restituent repartant sans mot dire.

Quatre chevaux de front aux œillères de nuit
Sortent d'un carrefour, le poitrail constellé.
Ils font le tour du monde
Pensant à autre chose
Et sans toucher le sol. Les mouches les évitent.

Le cocher se croit homme et se gratte l'oreille.

L'ALLÉE

Le reste a péri sous le lourd passage
    De votre âme avec son charroi,
Il n'est demeuré qu'un froissis sans âge
    Dans l'allée au long désarroi,

De la nuit qui guette entre les lianes
    Et monte au fût des lataniers,
L'embarras de l'heure, un bruit diaphane
    Qui s'opposeraient à vos pieds.

Le miroir des morts

LES YEUX DE LA MORTE

Cette morte que je sais
Et qui s'est tant méconnue
Garde encor au fond du ciel
Un regard qui l'exténue,

Une rose de drap, sourde
Sur une tige de fer,
Et des perles dont toujours
Une regagne les mers.

De l'autre côté d'Altaïr
Elle lisse ses cheveux
Et ne sait pas si ses yeux
Vont se fermer ou s'ouvrir.

LE MIROIR

La mort vient de dérober
Un long miroir à la vie,
Une poignée de cerises
Où titube du soleil.

Ses yeux brillent dans leur bleu
Et ses mains dans leur blancheur.
En lui bat une âme heureuse
Et rapide comme un cœur.

Il regarde dans la glace
Rougir mille cerisiers
Et des oiseaux picorer
Que nulle pierre ne chasse.

Il se voit monter aux arbres,
S'étonne que les oiseaux
Dans ses mains se laissent prendre
Pour y mourir aussitôt.

POINTE DE FLAMME

Tout le long de sa vie
Il avait aimé à lire
Avec une bougie
Et souvent il passait
La main dessus la flamme
Pour se persuader
Qu'il vivait,
Qu'il vivait.
Depuis le jour de sa mort
Il tient à côté de lui
Une bougie allumée
Mais garde les mains cachées.

LA BELLE MORTE

Ton rire entourait le col des collines
    On le cherchait dans la vallée.

Maintenant quand je dis : donne-moi la main,
Je sais que je me trompe et que tu n'es plus rien.

*

    Avec ce souffle de douceur
    Que je garde encor de la morte,
    Puis-je refaire les cheveux,
    Le front que ma mémoire emporte?

    Avec mes jours et mes années,
    Ce cœur vivant qui fut le sien,
    Avec le toucher de mes mains,
    Circonvenir la destinée?

    Comment t'aider, morte évasive
    Dans une tâche sans espoir,
    T'offrir à ton ancien regard
    Et reconstruire ton sourire,

Et rapprocher un peu de toi
Cette houle sur les platanes
Que ton beau néant me réclame
Du fond de sa plainte sans voix.

*

Tes cheveux et tes lèvres
Et ta carnation
Sont devenus de l'air
Qui cherche une saison.

Et moi qui vis encore
Seul autour de mes os
Je cherche un point sonore
Dans ton silence clos

Pour m'approcher de toi
Que je veux situer
Sans savoir où tu es
Ni si tu m'aperçois.

LA REVENANTE

Les corbeaux lacéraient de leur bec les nuages
   Emportant des lambeaux,
Coulant à pic vos angéliques équipages,
   Versatiles vaisseaux.

Les cerfs à voix humaine emplissaient la montagne
   Avec de tels accents
Que l'on vit des sapins s'emplir de roses blanches
   Et tomber sur le flanc.

Jurez, jurez-le-moi, morte encore affairée
   Par tant de souvenirs,
Que ce n'était pas vous qui guettiez à l'orée
   De votre ancienne vie,

Et que la déchirure allant d'un bout à l'autre
   De la nuit malaisée
N'était votre œuvre, ô vous qui guettiez jusqu'à l'aube
   L'âme dans la rosée.

CERCLE

A Franz Hellens.

Ce bras de femme étendu
Dans un ciel voluptueux
Est-il sorti de la nue
Ou de l'abîme amoureux?
Les siècles de loin l'appellent
Vers leur fuyante nacelle
Et les couchants qui s'étirent
Dans des paresses de tigre.
Ce bras jeune comme au jour
De ses noces pécheresses,
Au milieu de son amour
Qui le surveille et le presse,
Survola les anciens âges,
Les océans, les forêts
Et les célestes mirages
Que coupe un astre expiré,
Dans une attente si stable
De plaisir, de cruauté,
Qu'on le devine l'esclave
D'une lente éternité.

ALARME

A Corpus Barga.

Le regard de l'astronome
Émeut au fond de la nuit
Sous le feuillage des mondes
Une étoile dans son nid,
Une étoile découverte
Dont on voit passer la tête
Au bout de ce long regard
Éphémère d'un mortel
Et qui se met à chanter
La chanson des noirs espaces
Qui dévorent les lumières
Dans le gouffre solennel.

Fils d'argent, fils de platine,
Emmêlent tant l'infini
Que le rai de la rétine
Y suscite un faible bruit.
Tout ce qui mourut sur terre
Rôde humant de loin la vie,

Interrogeant les ténèbres
Où se développe l'oubli,
Et les aveugles étoiles
Dont l'orbite est dans l'espace
Fixe comme l'espérance
Et comme le désespoir.

Les poissons, les violettes,
Les alouettes, les loups,
Gardent leur volonté prête
A redescendre vers nous;
Des léopards, des pumas,
Et des tigres qui se meuvent
Dans leur brousse intérieure,
Tournent comme en une cage;
D'autres bêtes fabuleuses,
L'âme pleine de périls,
Au monde des nébuleuses
Mêlent leurs tremblants désirs.

Sous la houle universelle
Qui l'élève et le rabat
Le zénith pointe et chancelle
Comme le sommet d'un mât;
L'univers cache la Terre
Dans la force de son cœur
Où cesse toute rumeur
Des angoisses planétaires,
Mais la Lune qui s'approche
Pour deviner nos pensées,
Dévoilant sables et roches,
Attire à soi nos marées.

OFFRANDE

Un sourire préalable
Pour le mort que nous serons,
Un peu de pain sur la table
Et le tour de la maison.
Une longue promenade
A la rencontre du Sud
Comme un ambulant hommage
Pour l'immobile futur.
Et qu'un bras nous allongions
Sur les mers, vers le Brésil,
Pour cueillir un fruit des îles
Résumant toute la terre,
A ce mort que nous serons
Qui n'aura qu'un peu de terre,
Maintenant que par avance
En nous il peut en jouir
Avec notre intelligence,
Notre crainte de mourir,
Notre douceur de mourir.

VŒU

Mon peu de terre avec mon peu de jour
Et ce nuage où mon esprit embarque,
Tout ce qui fait l'âme glissante et lourde,
Saurai-je moi, saurai-je m'en déprendre ?

Il faudra bien pourtant qu'on m'empaquette
Et me laisser ravir sans lâcheté
Colis moins fait pour vous, Éternité,
Qu'un frais panier tremblant de violettes.

Le large

400 ATMOSPHÈRES

A R. Guiraldes.

Quand le groseillier qui pousse au fond des mers
Loin de tous les yeux regarde mûrir ses groseilles
Et les compare dans son cœur,
Quand l'eucalyptus des abîmes
A cinq mille mètres liquides médite un parfum sans
     espoir,
Des laboureurs phosphorescents glissent vers les
     moissons aquatiques,
D'autres cherchent le bonheur avec leurs paumes
     mouillées
Et la couleur de leurs enfants encore opaques
Qui grandissent sans se découvrir
Entre les algues et les perles.
L'amour s'élance à travers les masses salines tombantes
Et la joie est évasive comme la mélancolie.
L'on pénètre comme à l'église sous les cascades de
     ténèbres
Qui ne font écume ni bruit.
Parfois on devine que passe un nuage venu du ciel libre

Et le dirige, rênes en main, une grave enfant de la
    côte.
Alors s'allument un à un les phares des profondeurs
Qui sont violemment plus noirs que la noirceur
Et tournent.

HAUTE MER

on the v. long journey J.J. had to make,
accidents occurred, and usually, the younger of the
crew sometimes went overboard and drowned.

A Maurice Guillaume.

Parmi les oiseaux et les lunes
Qui hantent le dessous des mers
Et qu'on devine à la surface
Aux folles phases de l'écume,

Parmi l'aveugle témoignage
Et les sillages sous-marins
Des mille poissons sans visage
Qui cachent en eux leur chemin,

Le noyé cherche la chanson
Où s'était formé son jeune âge,
Écoute en vain les coquillages
Et les fait choir au sombre fond.

LE VILLAGE SUR LES FLOTS

A L. Ipuche.

Vagues se dressant pour construire,
Et qui retombent sans pouvoir
Donner forme à leur vieil espoir
Sous l'eau qui d'elles se retire,

Je frôlais un jour un village
Naufragé au fil de vos eaux
Qui venaient humer d'âge en âge
Les maisons de face et de dos,

Village sans rues ni clocher,
Sans drapeau, ni linge à sécher,
Et tout entier si plein de songe
Que l'on eût dit le front d'une ombre.

Des maisons à queue de poisson
Formaient ce village-sirène
Où le lierre et le liseron
S'épuisaient en volutes vaines.

Parfois une étoile inquiète
Violente au grand jour approchait,
Et plus violente s'en allait
Dans sa chevelure défaite.

Un écolier taché d'embruns
Portant sous le bras un cartable
Jetait un regard outrebrun
Sur les hautes vagues de sable,

Un enfant de l'éternité,
Cher aux solitudes célestes
Plein d'écume et de vérité
Un clair enfant long et modeste,

Dans ce village sans tombeaux,
Sans ramages ni pâturages
Donnant de tous côtés sur l'eau,
Village où l'âme faisait rage,

Et qui, ramassé sur la mer,
Attendait une grande voile
Pour voguer enfin vers la terre
Où fument de calmes villages.

DÉPART

Un paquebot dans sa chaudière
Brûle les chaînes de la terre.

Mille émigrants sur les trois ponts
N'ont qu'un petit accordéon.

On hisse l'ancre, dans ses bras
Une sirène se débat

Et plonge en mer si offensée
Qu'elle ne se voit pas blessée.

Grandit la voix de l'Océan
Qui rend les désirs transparents.

Les mouettes font diligence
Pour qu'on avance, qu'on avance.

Le large monte à bord, pareil
A un aveugle aux yeux de sel.

Dans l'espace avide, il s'élève
Lentement au mât de misaine.

PONT SUPÉRIEUR

Plante verte sur le pont,
Plante qui changes d'étoiles
Et vas d'escale en escale,
Goûtant à chaque horizon,

Plante, branches et ramilles,
L'hélice te fait trembler
Et ma main qui te dessine
Tremble d'être sur la mer.

Mais je découvre la terre
Prise dans ton pot carré
Celle-là que je cherchais
Dans le fond de ma jumelle.

SOUS LE LARGE

Les poissons des profondeurs
Qui n'ont d'yeux ni de paupières
Inventèrent la lumière
Pour les besoins de leur cœur.

Ils en mandent une bulle,
Loin des jours et des années,
Vers la surface où circule
L'océane destinée.

Un navire coule à pic,
Houle dans les cheminées,
Et la coque déchirée
Laisse la chaudière à vif.

Dans le fond d'une cabine
Une lanterne enfumée
Frappe le hublot fermé
Sur les poissons de la nuit.

LOIN DE L'HUMAINE SAISON

A G. Jean-Aubry.

Je cours derrière un enfant qui se retourne en riant,
Est-ce celui que je fus,
Un ruisseau de ma mémoire
Reflétant un ciel confus?
Je reconnais mal aujourd'hui et j'aurais peur de mes
      mains
Comme d'ombres ennemies.
Mon angoisse agrippe l'air
Qui nous tâte aveuglément
Pour voir si nos cœurs sont vivants.
Tamarins et peupliers autour de nous ont compris
Qu'il s'agissait d'une course
Plus profonde que la vie.
Ils se mettent à nous suivre, jeunes racines, au vent,
Avec le lierre et la grille,
La façade du logis,
L'haleine de la rivière;
Un cheval, une brebis.

Camarades de fortune,
O figurants de la route,
Savez-vous où nous allons
Loin de l'humaine saison
Derrière un enfant qui joue
A tirer du cœur de l'homme
Ciel et terre, nuit et jour.

Nous avançons vers la mer qui ne peut plus aujour-
    d'hui
Mettre fin à notre fuite.
Notre cœur se fait salin dessous la fable des eaux
Et l'enfant qui nous précède s'échappe encor en
    riant,
Pose les pieds sur les roses maritimes des coraux.
Nous touchons le fond obscur près d'un boqueteau
    marin
Où les poissons de couleur jouent aux oiseaux du
    latin,
D'autres ondulent aveugles remorquant les féeries
De quelque poète noyé
Qui croit encore à la vie.

Compagnons d'un autre monde
Pris vivants dans votre rêve
Je vous regarde au travers
D'une mémoire mouillée
Mais douce encore à porter,
Je vais clandestinement
Du passé à l'avenir
Parmi la vigne marine
Qui éloigne le présent.

Nous nous enlisons réduits
A une nuit sans espace,
A des couches d'ossements,
Affres de la géologie.
Crânes, crânes souterrains,
Nous ferez-vous de la place,
Glaçons de l'éternité
Gèlerez-vous nos jarrets?
Que fais-tu là diplodocus
Avec tes os longs et têtus
A vouloir pousser dans le siècle
Le reproche de ton squelette?
Le mouvement est défendu
A ton vertige répandu,
Dans le creux de la mort quiète
N'essaie pas de bouger la tête.

C'est le centre chaud du monde, c'est le vieux noyau
        des âges.
Mais alors d'où vient ce ciel dévoré par les nuages?
Ah! je ne puis voyager qu'avec tous mes sou-
        venirs,
Trop fidèle ce bagage bien que parfois il me suive,
        lacéré par des panthères,
A des distances de songe.

Je te reconnais, sainte Blandine, au milieu du cirque
        attendant le taureau qui doit t'envoyer au ciel,
Dans l'arène on entend encore une cigale romaine.
Et Charles VI devenu fou enlève son casque et
        attaque sa propre escorte,
A son front deux veines se gonflent, ses narines trem-
        blent entre la vie et la mort,

Et l'on voit perler à ses joues la chaleur de treize
    cent quatre vingt-douze,
Et voici Jeanne qui me voit par-dessus sa selle ouvragée
A travers tout le murmure et les âmes de son armée
Et veut m'enfermer d'un sourire dans la courbe de
    ses soldats.

Où mon chemin parmi ces hommes
Et ces femmes qui me font signe?
Parmi ces forçats de l'histoire,
Ces muets se poussant du coude
Qui me regardent respirer
Disant dans leur langue sans voix :

« Quel est celui-là qui s'avance
Avec sa face de vivant
Et même au fond noir de la terre
Vient nous soumettre son visage
Où se reflète le passage
Incessant d'oiseaux de la mer? »

Tout proches semblent leur regards
Bien qu'il leur faille escalader
Cent et cent rugueuses années
Avant de se fixer en moi,
Mais les ans tombent à nos pieds,
Monceaux de fleurs d'un cerisier
Secoué par la main d'un dieu
Qui nous regarde entre les branches.

Personnages privés de voix,
Pourquoi vous éloigner de moi?
Reines de France à mon secours!

Passez-le-vous de main en main
L'enfant qui cherche son chemin
A travers les morts, vers le jour !

Préservez ses joues délicates
Et que ses cils aux longues pointes
Aillent toujours le précédant
Avec leurs légers mouvements.

J'ai peur de songer à ma face
Où le regard de tant de morts
Appuya ses pinceaux précis.
Est-ce le jour et la surface ?

Est-ce bien toi, envers du monde,
Sourire faux des antipodes ?
Et vous oiseaux de la terre,
Et vous oiseaux de la lune
Qui lui faites son halo ?

O lumière de jour, lumière d'aujourd'hui,
C'est ton fils qui revient éclaboussé de nuit.

Alentour le soleil brille : je suis dans un cône d'ombre,
Mes vêtements ont vieilli de plus de six cents années,
Le ciel lui-même est usé qui sous mes yeux s'effiloche
Et voici des anges morts dans leurs ailes étonnées.

Il ne reste que l'oubli
Sur la planète immobile,
De l'oubli à ras de terre
Empêchant toute chaumière,
L'herbe même de pousser

Et le jour d'être le jour.
L'alouette en l'air est morte
Ne sachant comme l'on tombe.

Et vous, mes mains, saurez-vous
Toucher encor mes paupières,
Mon visage, mes genoux?
Sortant du fond de la Terre
Suis-je différent des pierres?

UN LOUP

Fauve creusant la nuit solide
De ses griffes et de ses dents,
Ce loup sec à la langue fine
Affamé depuis cent mille ans.

Ah! s'il broyait l'éternité
Et son équipage de morts
Cela ferait un grand bruit d'os
Par des mâchoires fracassés.

Il a percé l'ombre de pierre
A la recherche des pays
D'où lui vient cette faim guerrière
Qui le précède et qui le suit.

Le cœur roulé par les soleils
Et par les lunes épié
Il périra multiplié
Par le haut mal des univers.

AU CREUX DU MONDE

A Dominique Braga.

Long descendant des cavernes, des païens et des
    chrétiens,
Et des monts noirs en arrêt sur la rivière tordue,
Voici deux mètres de chair sous la voûte où sont les
    sphères,
Des omoplates portant leur poids fixe d'infini
Sans que se courbe la tête,
Les deux pieds en équilibre
Nus sur la terre rapide,
Un cœur divisant le temps,
Des yeux colorant l'espace.
Que sa chair assombrie est résonnante
Et comme il voudrait enfin régir toutes ces rumeurs!
Il écoute dans le silence extérieur immaculé
La plainte opaque de ses mains,
Pirogues mélancoliques sur des souvenirs ensablées.

Se pourrait-il
Qu'il tombât sous l'innombrable fusillade des étoiles?

Ses passions échappées tourmentent l'air longuement,
Éprouvant l'espace, virent
Et retournent dans son âme.
A l'horizon le Destin érige un torse escarpé
Avec ses longues paupières serrées comme des
     mâchoires,
Il barricade les routes,
Même celles, même celles qui montent vers l'infini,
Interceptant l'air candide qui veut descendre du ciel.

Attention! voilà l'homme qui bouge et qui regarde à
     droite et à gauche;
Le voilà qui se lève et sa face crépite comme torche
     résineuse,
Le voilà qui s'avance foulant les hautes herbes du ciel.
Son ombre ne le suit plus, comme sur la Terre fatiguée,
Et le voilà qui se mire dans la Lune où il ajuste son
     regard,
Et qui donne au loin les ordres dont toute sa voix
     est comblée.
Sa puissance circulaire rabat vers lui les lointains
Et l'on voit s'acheminer les étoiles scrupuleuses.
Le vieux sang noir de la nuit roule dans son propre
     sang
S'y mêlant au sang du jour dans l'abîme des cascades!
Tout s'absorbe et s'unifie dans son âme sans attente,
L'univers n'est plus en lui qu'un grognement étouffé,
Une famine allongée, ainsi qu'avant la Genèse.

VERTIGE

Le granit et la verdure se disputent le paysage.
Deux pins au fond du ravin s'imaginent l'avoir fixé.
Mais la pierre s'arrache du sol dans un tonnerre
géologique.
Joie rocheuse tu t'élances de toutes parts, escala-
dant jusqu'à la raison du voyageur. Il craint pour
l'équilibre de son intime paysage qui fait roche
de toutes parts. Il ferme les yeux jusqu'au sang,
son sang qui vient du fond des âges et prend sa
source dans les pierres.

Calanques (Corse).

AGE DES CAVERNES

A P. Figari.

Les arbres se livrent peu à peu à leurs branches,
penchent vers leur couleur et poussent en tous sens
des feuilles pour se gagner les murmures de l'air.
Ils respectent comme des dieux leurs images dans
les étangs où tombent parfois des feuilles sacrifiées.
Les racines se demandent s'il faut ainsi s'accoupler
au sol. Au milieu de la nuit l'une sort de terre pour
écouter les étoiles et trembler.
La mer entend un bruit merveilleux et ignore en
être la cause.
Les poissons qui se croisent feignent de ne pas se
voir. Puis se cherchent durant des siècles.
Les rivières s'étonnent d'emporter toujours le ciel
au fond de leur voyage et que le ciel les oublie.
Le ciel ne pose qu'une patte sur l'horizon, l'autre
restant en l'air, immobile, dans une attente circulaire.
Tout le jour la lumière essaie des plumages diffé-
rents et parfois, au milieu de la nuit, dans l'insomnie
des couleurs.

La terre se croit une forêt, une montagne, un caillou, un souvenir. Elle a peur de l'horizon et craint de se disperser, de se trahir, de se tourner le dos. La nuit, le corps le long des corps, les visages près des visages, les fronts touchant les fronts, pour que les rêves se prêtent main-forte. L'âme bourdonne et s'approche pour voir comment bat un cœur dans le sommeil. Elle confond les étoiles avec les grillons et les cigales. Elle aime le soleil qui n'ose pas pénétrer dans les cavernes et se couche comme un chien devant le seuil.

On reconnaît les songes de chacun au dessin des paupières endormies.

Passent des animaux précédés d'un cou immense qui sonde l'inconnu, l'écartant à droite et à gauche, avec le plus grand soin. Ils défrichent l'air vierge. Sans en parler aux autres insectes les fourmis montent sur la cime des arbres pour regarder.

Quand des tribus se rencontrent on se souffle au visage comme font les buffles qui se voient pour la première fois. On se regarde de tout près jusqu'à ce que les regards mettent le feu aux yeux. Alors on recule et on se saute à la gorge.

Les animaux se demandent lequel parmi eux sera l'homme un jour. Ils consultent l'horizon et le vent qui vient de l'avenir. Ils pensent que peut-être l'homme rampe déjà dans l'herbe et les regarde tour à tour présumant de leur chair et de son goût. L'homme se demande si vraiment ce sera lui.

193

Équateur

(Chœurs d'une exposition coloniale.)

Pour Jacques Benoist-Méchin.

Colonies, ô colonies, ardeurs volantes,
Éloignez de ma mémoire
L'hiver blafard et sans yeux qui tâtonne à coups de
    neige,
Le sépulcral alignement des réverbères
Sous les longues pluies citadines,
Notre vieux ciel quadrillé d'immeubles avec ses
    larges
Rafales de mélancolies!

Qui vive? Cérès qui passa les mers sur la dernière
    trirème,
La Cérès coloniale;
Elle s'élance brunie parmi les herbes barbues
Et ses monstres agricoles à vapeur,
La déesse renouvelée.
Comme ses jeunes yeux sont pleins de cadeaux
    légers,
Comme elle lance les hirondelles bicolores
De son agreste corbeille qui sent encore l'oseraie!

BLÉ

Une douceur dorée circule dans les champs de la
    déesse
Et nos pas sont prisonniers de sa longue chevelure,
Les hautes moissons s'emplissent de son délice, de
    son bonheur
Qui va de l'Olympe antique à la pointe des blés
    mûrs,
Traversant légèrement tous les siècles, les terrestres,
    les marins,
Et les siècles aériens qui s'accrochent aux sommets

O murmure millénaire où les patients épis
Trament une même harmonie.

SUCRE

Les hautes cannes, les cannes murmurent
Sous les lèvres du vent altéré
Qui fait mine, allongé, de dormir
Retenu par les douceurs feuillues.
Se pourrait-il que tant de poésie
Se fragmente rectangulaire
Dans toutes les tasses du monde
Pour donner aux lèvres des hommes
Le goût du miel et du soleil
Et des chaudes géographies?

SOIE

Le bombyx dans le cocon sécrète des robes de bal
Et des cravates à pois
Sous la chaleur du ciel d'Asie,

Dictateur des métamorphoses.
De la chenille soyeuse se déroule au loin le voile
Qui fera le tour de la Terre
Pour la désigner dans l'espace
Aux matelots du firmament.

CAFÉ

« Me voici la lance levée
Entourant d'un tonnerre noir
Le cœur torride qui m'embrase!
J'exulte et fais lever de gros soleils en pleine nuit
Que je conduis en troupeaux,
Ou je colore les ténèbres
Avec de légers arcs-en-ciel,
Précurseurs de cent jeunes filles créoles sous le
        madras. »

RHUM

C'est un navire qui brûle dans un havre de cristal,
Cent mille anges
Accourent du fond du ciel vers la torsade fumante.
Le ciel bouge et se soulève au vent des plantations
        aériennes
Et se colonise
Pour des récoltes sans prix.
C'est lui, le rhum, qui fiance le réel avec le songe
Et couronne le désir;
C'est lui qui réconcilie le futur et le passé;
Sous son regard tout devient facile cérémonie
Avec assistance ardente,

Et pour une même ronde
Anges et démons se hâtent de se saisir par la main.

Colonies, ô colonies,
Poussez votre ciel pur vers le Septentrion!

Poèmes de Guanamiru

A LAUTRÉAMONT

N'importe où je me mettais à creuser le sol espérant
    que tu en sortirais
J'écartais du coude les maisons et les forêts pour voir
    derrière.
J'étais capable de rester toute une nuit à t'attendre,
    portes et fenêtres ouvertes
En face de deux verres d'alcool auxquels je ne voulais
    pas toucher.
Mais tu ne venais pas,
Lautréamont.
Autour de moi des vaches mouraient de faim devant
    des précipices
Et tournaient obstinément le dos aux plus herbeuses
    prairies,
Les agneaux regagnaient en silence le ventre de leurs
    mères qui en mouraient,
Les chiens désertaient l'Amérique en regardant
    derrière eux
Parce qu'ils auraient voulu parler avant de partir.
Resté seul sur le continent
Je te cherchais dans le sommeil où les rencontres
    sont plus faciles.

On se poste au coin d'une rue, l'autre arrive rapide-
       ment.
Mais tu ne venais même pas,
Lautréamont,
Derrière mes yeux fermés.

Je te rencontrais un jour à la hauteur de Fernando
       Noronha
Tu avais la forme d'une vague mais en plus véri-
       dique, en plus circonspect,
Tu filais vers l'Uruguay à petites journées.
Les autres vagues s'écartaient pour mieux saluer
       tes malheurs,
Elles qui ne vivent que douze secondes et ne marchent
       qu'à la mort
Te les donnaient en entier,
Et tu feignais de disparaître
Pour qu'elles te crussent dans la mort leur camarade
       de promotion.
Tu étais de ceux qui élisent l'océan pour domicile
       comme d'autres couchent sous les ponts
Et moi je me cachais les yeux derrière des lunettes
       noires
Sur un paquebot où flottait une odeur de femme
       et de cuisine.
La musique montait aux mâts furieux d'être mêlés
       aux attouchements du tango,
J'avais honte de mon cœur où coulait le sang des
       vivants,
Alors que tu es mort depuis 1870, et privé du liquide
       séminal
Tu prends la forme d'une vague pour faire croire
       que ça t'est égal.

Le jour même de ma mort je te vois venir à moi
Avec ton visage d'homme.
Tu déambules favorablement les pieds nus dans
    de hautes mottes de ciel,
Mais à peine arrivé à une distance convenable
Tu m'en lances une au visage,
Lautréamont.

1925

UN HOMME A LA MER

A Alfredo Gangotena.

Du haut du navire en marche
Je me suis jeté
Et voilà que je me mets à courir autour de lui.
Heureusement nul ne m'a vu :
Chacun craindrait pour sa raison.

Je suis debout sur les flots aussi facilement que la
    lumière,
Et songe à l'intervalle miraculeux entre les vagues
    et mes semelles.
Je m'allonge sur le dos, moi qui ne sais même pas
    nager ni faire la planche
Et ne parviens pas à me mouiller.
Voici des êtres qui viennent à moi
Appuyés sur des béquilles aquatiques et levant les
    paumes;
Mais ils meurent crachant l'écume par leur bouche
    devenue immense.
Je reste seul et, dans ma joie,

Je m'enfante plusieurs fois de suite solennellement,
Ivre d'avoir goûté autant de fois à la mort.
Je vais, je viens, les mains dans mes poches sèches
     comme le Sahara.
Tout ceci est à moi et les domaines qui palpitent
     là-dessous.
Oserai-je prendre un peu de cette eau pour voir
     comment elle est faite ?
Ce sera pour un autre jour.
Contentons-nous de marcher sur la mer comme
     autour d'une poésie.
Au fond de ma lorgnette je ne vois plus du bateau
Que mes trente bâtards qui s'agitent à bord singu-
     lièrement.
Dans le miroir de ma cabine et en travers
J'ai laissé mon image au milieu de la nuit avant que
     je tourne le commutateur.
Elle se réveille en sursaut, brise la glace comme celle
     d'un avertisseur d'incendie
Et se met à me chercher.
La poitrine très velue du Commandant éprouve
     qu'il manque quelqu'un
Et la sirène beugle toute seule
Comme une vache qui a faim.
Prenant la mer un peu à l'écart
Je lui fais signe d'entrer ruisselante dans l'entonnoir
     de mon esprit :
« Viens, il y a place pour toi,
Viens aujourd'hui il y a de la place.
J'en fais le serment tête nue
Pour que le vent de l'ouest sur mon front reconnaisse
     que je dis la vérité ».
Mais la mer proteste de son innocence

Et dit qu'on l'accuse témérairement.
Elle ne répond pas à la question.

Et cependant les noyés attendent que leur tour
    vienne.
Leur tour de quoi? Leur tour de n'importe quoi.
Ils attendent sans oser entr'ouvrir leurs paupières
    écumeuses
De peur que ce ne soit pas encore le moment,
Et qu'il faille continuer à mourir comme jusqu'à
    présent.
Cette chose qui les a frôlés, qu'est-ce que c'est?
Est-ce une algue marine ou la queue d'un poisson
    qui s'égare au fond de lui-même?
C'est bien autre chose.
Il est des anges sous-marins qui n'ont jamais vu
    la face bouleversée de Dieu.
Ils rôdent et sans le savoir
Lancent la foudre divine.

Ce soir assis sur le rebord du crépuscule
Et les pieds balancés au-dessus des vagues,
Je regarderai descendre la nuit : elle se croira toute
    seule.
Et mon cœur me dira : fais de moi quelque chose,
Ne suis-je plus ton cœur?

1925.

ORDRE

Arrêtez les chiens sur les routes
Et les charrettes à bœufs.
Qu'ils retournent vers leur source!

Il s'agit d'être réveillé comme la foudre qui va
    tomber.
Que le vent dur comme fer
Casse les oiseaux contre terre!

Je ne veux plus, cœur traître, de tes salutations
    dans ma poitrine,
Je te veux triangulaire, séché au soleil des tropiques
Durant trente jours.

Après quoi,
Rasez de près la Terre. Faites-en
Une fille terrorisée
Et qui n'aura d'autre toit
Que de tourner sur soi-même.

AU FEU!

J'enfonce les bras levés vers le centre de la Terre
Mais je respire, j'ai toujours un sac de ciel sur la
    tête
Même au fort des souterrains
Qui ne savent rien du jour.
Je m'écorche à des couches d'ossements
Qui voudraient me tatouer les jambes pour me
    reconnaître un jour.
J'insulte un squelette d'iguanodon, en travers de
    mon passage,
Mes paroles font grenaille sur la canaille de ses os
Et je cherche à lui tirer ses oreilles introuvables
Pour qu'il ne barre plus la route
Mille siècles après sa mort
Avec le vaisseau de son squelette qui fait nuit de
    toutes parts.
Ma colère prend sur moi une avance circulaire,
Elle déblaie le terrain, canonne les profondeurs.
Je hume des formes humaines à de petites distances

Courtes, courtes.

J'y suis.

Il n'y a plus rien ici de grand ni de petit, de liquide
ni de solide,

De corporel ni d'incorporel;

Et l'on jette aussi bien au feu une rivière, où saute
un saumon, et qui traversait l'Amérique,

Qu'un brouillard sur la Seine que franchissent les
orgues tumultueuses de Notre-Dame.

Voici les hautes statues de marbre qui lèvent l'index
avant de mourir.

Un grand vent gauche, essoufflé, tourne sans trouver
une issue.

Que fait-il au fond de la Terre? Est-ce le vent des
suicidés?

Quel est mon chemin parmi ces milliers de chemins
qui se disputent à mes pieds

Un honneur que je devine?

Peut-on demander sa route à des hommes consi-
dérés comme morts

Et parlant avec un accent qui ressemble à celui
du silence.

Centre de la Terre! je suis un homme vivant.

Ces empereurs, ces rois, ces premiers ministres, enten-
dez-les qui me font leurs offres de service

Parce que je trafique à la surface avec les étoiles et
la lumière du jour.

J'ai le beau rôle avec les morts, les mortes et les
mortillons.

Je leur dis : « Voyez-moi ce cœur,

Comme il bat dans ma poitrine et m'inonde de
chaleur!

Il me fait un toit de chaume où grésille le soleil.

Approchez-vous pour l'entendre. Vous en avez eu
    un pareil.
N'ayez pas peur. Nous sommes ici dans l'intimité
    infernale ».

Autour de moi, certains se poussent du coude,
Prétendent que j'ai l'éternité devant moi,
Que je puis bien rester une petite minute,
Que je ne serais pas là si je n'étais mort moi-même.
Pour toute réponse je repars
Puisqu'on m'attend toujours merveilleusement à
    l'autre bout du monde.
Mon cœur bourdonne, c'est une montre dont les
    aiguilles se hâtent comme les électrons
Et seul peut l'arrêter le regard de Dieu quand il
    pénètre dans le mécanisme.

Air pur, air des oiseaux, air bleu de la surface,
Voici Jésus qui s'avance pour maçonner la voûte
    du ciel.
La terre en passant frôle ses pieds avec les forêts les
    plus douces.
Depuis deux mille ans il l'a quittée pour visiter
    d'autres sphères,
Chaque Terre s'imagine être son unique maîtresse
Et prépare des guirlandes nuptiales de martyrs.
Jésus réveille en passant des astres morts qu'il secoue,
Comme des soldats profondément endormis,
Et les astres de tourner religieusement dans le ciel
En suppliant le Christ de tourner avec eux.
Mais lui repart, les pieds nus sur une aérienne Judée,
Et nombreux restent les astres prosternés
Dans la sidérale poussière.

Jésus, pourquoi te montrer si je ne crois pas encore?
Mon regard serait-il en avance sur mon âme?

Je ne suis pas homme à faire toujours les demandes
  et les réponses!
Holà, muchachos! J'entends crier des vivants dans
  des arbres chevelus,
Ces vivants sont mes enfants, échappés radieux de
  ma moelle!
Un cheval m'attend attaché à un eucalyptus des
  pampas,
Il est temps que je rattrape son hennissement dans
  l'air dur,
Dans l'air qui a ses rochers, mais je suis seul à les
  voir!

                                        1924.

DISPARITION

Vois, il est vide ce lit, bouleverse les couvertures,
Agite les draps en tous sens comme s'ils me cachaient
    encore,
Défonce le matelas au cas où je ne serais plus que
    de la laine cardée!
Il n'y a plus personne dans cette couche à deux
    places que j'occupais dans son entier,
Il n'y a pas un pli à la descente de lit
Et les rideaux sont endormis dans les bras l'un de
    l'autre.
Entre dans ce train, fouille sous les banquettes,
Parle au chauffeur de la locomotive d'un air confi-
    dentiel,
Interroge le chef de gare à mots couverts,
Là, plus près de son visage, jusqu'à en toucher les
    poils, de tes lèvres blêmes.
L'homme que tu cherches était bien dans le train
    mais il n'y est plus!
Ils sont deux employés et trois femmes qui ont vu
    son chapeau de paille
Et ne savent rien d'autre.

Celui qui prononce ces mots à ton oreille
Bien qu'il se trouve peut-être très loin de toi
Comme ce haut-parleur qui vous poursuit partout
    dans les Expositions
Et on se demande d'où il vous arrive
Celui qui dit ces mots, où est-il?
A-t-il une main encore (ou deux) avec ses cinq doigts
    dont un orné d'une bague
Ou de plusieurs,
Un appareil circulatoire comme une décoration
    interne et compliquée?
Ou bien se passe-t-il de reins pour montrer sa toute-
    puissance?
Récite-t-il la nuit sa prière
Pour pouvoir discuter d'égal à égal avec les Seigneurs
    de son sommeil?
S'en est-il allé de l'autre côté
De ce qui te hante toujours?

Avant un suicide intéressé
S'est-il installé au Panthéon des Grands Hommes,
A-t-il repoussé à droite et à gauche
Deux pensionnaires considérables
Pour se faire une place d'homme qui a beaucoup
    galopé dans sa vie?

Ce n'est pas moi qui te renseignerai.
Fais ton métier. Je fais le mien.

Ne cherche plus à devenir l'allié de mon squelette,
Bête blanche et silencieuse,
Tapie au meilleur de nous-mêmes

Et qui nous saute à la gorge au premier moment
    d'inattention.
Qu'il te suffise de savoir
Si oui ou non
Tu m'as poussé sur la voie
Hors du train, en pleine vitesse,
Sous prétexte que tu manquais d'air,
Si tu as posé des questions hypocrites
En désignant un pardessus, une valise dans un coin :
« Avez-vous vu mon compagnon, le Señor Guana-
    miru?
Ah! les gens ne disent plus où ils vont ni d'où ils
    viennent
Et l'homme disparaît devant vous comme de l'eau
    dans la mer. »

TERRE

A Jacques Salomon.

Terre lourde que se disputent les cadavres et les
  arcs-en-ciel,
Des statues au nez brisé sous le soleil d'or incassable
Et des vivants protestataires levant leurs bras jus-
  qu'aux nues
Quand c'est leur tour de s'offrir à tes abattoirs
  silencieux,
— Ah! tu fais payer cher aux aviateurs leurs per-
  missions de vingt-quatre heures,
A trois mille mètres de haut tu leur arraches le cœur
Qui se croyait une fleur dans la forêt du ciel bleu —
Serons-nous longtemps pasteurs de ta bergerie de
  nuages,
De tes monts chercheurs de ciel, des fleuves chas-
  seurs de lune,
De tes océans boiteux qui font mine d'avancer
Mais vont moins vite sur les plages
Que des enfants titubant avec de pleins seaux de
  sable?

Aurons-nous encore du tonnerre dans cent quatre-
vingt-dix mille ans,
La foudre, les quatre vents qui tournent sans rémis-
sion,
Les hommes nus enchaînés dans leurs générations
Et les roses pénitentes à genoux dans leur parfum?

Maudite, tu nous avilis à force de nous retenir,
Tu nous roules dans la boue, pour nous rendre pareils
à elle
Tu nous brises, tu nous désosses, tu fais de nous de
petits pâtés,
Tu alimentes ton feu central de nos rêves les plus
tremblants.
Prends garde, tu ne seras bientôt qu'une vieillarde
de l'espace,
Du plus lointain du ciel on te verra venir faisant
des manières
Et l'on entendra la troupe des jeunes soleils bien
portants :
« C'est encore elle, la salée aux trois-quarts,
La tête froide et le ventre à l'envers,
La tenancière des quatre saisons,
L'avare ficelée dans ses longitudes! »
Et plus rapides que toi s'égailleront les soleils
Abandonnant derrière eux des éclats de rire durables
Qui finiront par former des plages bruissantes
d'astres.

Prends garde, sourde et muette par finasserie,
Prends garde à la colère des hommes élastiques,
Aux complots retardés de ces fumeurs de pipes,
Las de ta pesanteur, de tes objections,

Prends garde qu'ils ne te plantent une paire de cornes
    sur le front
Et ne s'embarquent le jour de la grande migration
Aimantés par la chanson d'une marine céleste
Dont le murmure déjà va colonisant les astres.
Des trois-mâts s'envoleront, quelques vagues à leurs
    flancs,
Les hameaux iront au ciel, abreuvoirs et lavandières,
Les champs de blé dans les mille rires des coquelicots,
Des girafes à l'envi dans la brousse des nuages,
Un éléphant gravira la cime neigeuse de l'air,
Dans l'eau céleste luiront les marsouins et les sar-
    dines
Et des barques remontant jusqu'aux rêveries des
    anges,
Des chevaux de la Pampa rouleront de pré en pré
Dans la paille et le regain des chaudes constellations
Et même vous, ô squelettes des premiers souffles du
    monde,
Vous vous émerveillerez de vous trouver à nouveau
Avec cette chair qui fit votre douceur sur le globe,
Un cœur vous rejaillira parmi vos côtes tenaces
Qui attendaient durement un miracle souterrain
Et vos mains onduleront comme au vent les mar-
    guerites!

1923.

Gravitations

LES COLONNES ÉTONNÉES

Ce volume,
le neuvième de la collection Poésie,
a été achevé d'imprimer sur les presses
de l'imprimerie Bussière à Saint-Amand (Cher),
le 5 juillet 1985.
Dépôt légal : juillet 1985.
1er dépôt légal dans la collection : août 1966.
Numéro d'imprimeur : 1882.

ISBN 2-07-030265-2./Imprimé en France.